文芸社セレクション

清正！
俺はお前の噛ませ犬じゃないぞ!!
李舜臣を敗った男　小西行長伝

小西　孝久

JN106989

文芸社

戦うことなく無傷のままで敵国を降伏させることが上策で、戦って敵国を降伏させるのは下策である

戦いのうまい人が勝っても、知者という評判もなく、勇ましい功績もない

孫子の兵法より

本当に勝ったのは戦いのしない国だ

英国の名将ウェリントン公

序章

歴史とは、勝者の歴史である。関ヶ原の戦いで敗れた小西行長の記録は徳川幕府から抹殺、そして捏造《ねつぞう》（本当はない事を、あるかのように偽って作りあげること）された為、行長の史実は正確には伝わっていない。そして勇猛であり、大衆的人気者の加藤清正と対比されるという不運が重なった。行長は陰謀家で策士であり、優秀であるが狡猾《こうかつ》、戦下手であり、主君、豊臣秀吉に対しては面従腹背（うわべだけ上の者に従うふりをしているが、内心では従わないこと）、奸臣《かんしん》（悪だくみをする家臣）である等、「商人上がりで臆病な武将」と卑劣な人物として語り継がれてきた。

国内では抹殺された行長であったが、逆に諸外国では行長の評価は高かった。行長の死去がローマに伝わると、法王によってミサが行われた。バチカンで法王による追悼を受けたのは日本人では行長だけである。そしてヨーロッパ各国では行長を主人公とする音楽劇が上演された。

朝鮮では、国内でも屈指の猛将、加藤清正より行長の方が知謀、武勇ともに優れていると評している。明では小西行長率いる軍勢を、「日本軍の中で最も手強い敵」と、日本国内とは正反対の評価がなされていた。

真実の行長は決して臆病で戦下手な武将ではなかった。秀吉が天下統一を成し遂げたのも、行長の働きぶりがめざましかったからである。だからこそ、二十四万石の大名として出世したのである。

朝鮮出兵に際し、秀吉が並み居る強豪をさしおいて、先鋒に行長を起用したのは、行長が他に抜きんでた軍才と炎のような闘魂をそなえていたからであった。事実、朝鮮出兵では、行長は第一軍団を率い、怒濤の進撃で朝鮮軍を打ち破り、またたく間に首都京城を攻め落として諸将の度胆を抜いた。驚嘆すべき戦略家であり、戦上手であることを、充分に証明したのである。日本史史上、外国の首都に一番のりをあげたのは行長が初めてである。秀吉は「文武において天下第一、そして最も忠勇な武士」と行長を絶賛したのである。秀吉だけではなく、織田信長、徳川家康からも行長は高い評価をうけていた。行長は三人の天下人を魅了したのである。

秀吉死後、家康は行長を味方に付けるべく、家康は自身の曽孫を行長の嫡子、兵庫頭との結婚を申し出ている。この曽孫は家康の嫡子、信康と織田信長の娘、徳姫との間に生まれた娘の子女である。他の大名達の縁談は家康の養女（家康の家臣の娘）が多かったのに対し、行長の縁談は家康自身の直系の曽孫である。いかに家康が行長を高く評価しているのかが分かる。

だが、行長の秀吉に対する忠節は、天下で誰一人知らぬ者はいない。

多くの豊臣恩顧の大名達が家康有利とみて、東軍に付く中、行長は秀吉への忠義の為、家康の誘いを断わり、敗北を覚悟して西軍に参加したのである。関ヶ原の合戦では、東軍の強豪達を撃破し、徳川本隊まで攻め込んだ。小西隊の奮闘ぶりは、野戦では国内最強と言われた家康を震撼させた。前半、西軍が優位に立つことができたのは、勇猛果敢に戦った小西隊の活躍があったからだと言われている。

肥後（熊本県）では、加藤清正は軍勢を率い、兵を水、陸の二手に分けて宇土城に進攻した。小西勢は豪勇をもって鳴る加藤軍に果敢に応戦し、攻防戦を展開した。加藤水軍は宇土城に迫ったが、小西勢は大砲で砲撃して反撃、指揮官を戦死させ、全船は大破、撃沈され、加藤水軍を壊滅させた。小西勢の奮戦により、加藤軍は五百人の死者、七百人の負傷者を出した。清正は宇土城を攻め切れず、一時は宇土城攻略を断念したという。

行長は少ない戦力にも関わらず、徳川家康、加藤清正の二人の強敵と互角以上に戦ったのである。

秀吉への忠義の為に戦う行長の姿は孤高であるが美しく、決して面従腹背、商人上がりで臆病な武将ではなく、誇り高き勇者であり、真の武将であった。

小西行長、幼名弥九郎は永禄元年（一五五八年）小西隆佐の次男として堺に生まれた。行長の先祖は藤原氏秀郷流内藤氏の後裔となっている。細川澄元に仕えて丹波国（兵庫県北部）守護代をつとめた内藤備前守貞広の弟、久清の子次忠が小西行正と称した。この行正の子が堺の薬種商、小西隆佐である。隆佐は天文年間に大陸に渡り、明の世宗に愛され、明に十三年滞在し帰国した。朝鮮半島から線香の製法を伝えたのが隆佐である。

当時の堺は商人達の代表で三十六人の会合衆が自治的な都市運営を行っていた。

隆佐は会合衆の一人である。

そして堺の豪商で人望と財力を持つ日比屋氏と婚姻関係を結んだ。隆佐の長男、如清と日比屋了珪の娘、アガタとの結婚である。

日比屋氏は堺から九州への海上輸送ルートと資金力を持ち、イエズス会とも深い関係を結んだ。日比屋氏と婚姻関係を結ぶ事によって堺における政治的な地位も向上したのである。

フランシスコ・ザビエルが京都に滞在した時、親身に世話をしたのが小西隆佐だった。

ザビエルの影響をうけ、隆佐は家族とともにキリスト教に帰依した。

堺は日明貿易の中継地として栄え、琉球貿易、南蛮貿易の拠点として国内や海外より多くの商人が集まる国際貿易都市として巨額の富が集まり繁栄した。

日明貿易では巨額の収入を得る事ができた。

遣明船一隻の一航海で十万石の大名の一年分の収入を得る事ができた。

これを年に数回行えば、数十万石、多ければ百万石以上の大名並みの収益を上げることも可能だったのだ。

そして堺には日本最先端の武器製造工場が集まり、鉄砲生産では日本の中心地となっていた。

鉄砲だけではなく刀などの武具も多く生産され、明やヨーロッパから輸入された武器の多くが堺港に入ってくる。

当時では最大の軍事産業都市であった。

又、戦乱から町を守る為に傭兵を雇い、周囲に堀を巡らせた環濠都市を形成した。

戦国時代の商人は身分も武士と格差があったわけではない。武士と商人の身分に格差が出来たのは江戸時代に入って二、三代の間に自然になったのだ。

荒波を押し渡り、海賊相手に死闘を繰り広げ朝鮮や明、東南アジアまで乗り込んでいく商人達は戦国大名に勝るとも劣らぬ勇者だったのである。

冒険心に富み、勇気もあり、武勇にも優れていた。

行長も、勇者達の血を引く猛将であった。

ルイス・フロイスはマラッカの司令官宛に「堺は日本の最も富める湊にして国内の金銀

の大部分が集まるところなり」と報告、また著書『日本史』で堺を「東洋のベニス」と記している。

ヴィレラは一五六四年の書簡において、

「当堺の地は繁栄し、堅固であって日本諸国で戦争があっても、この地へ来れば相敵するものも友人のように談笑し合い、この地においては戦うことはできない。したがって堺は破壊からまぬがれ富裕である。」

と記している。

自由と繁栄を謳歌《おうか》した堺だったが、やがてそれも終止符をうたれる時がきた。

戦国時代の台風の眼、織田信長である。

桶狭間の戦いで海道一の弓取りといわれた実力者、今川義元を破った。今川義元を倒した後、斎藤龍興を破り美濃（岐阜県）を攻略。

斎藤氏を滅ぼした信長は北伊勢に進攻。北伊勢を平定した後、近江（滋賀県）に入り、六角承禎の支城箕作城を陥落。六角氏は観音寺城を捨てて逃れていった。

大和（奈良県）は松永久秀が信長に降伏。

そして流浪の将軍、足利義昭を奉じて上洛を果たした。

信長の圧倒的な軍事力の前に堺は屈服。自治機能は解体され、信長の支配下に置かれる。

堺の商人達の内、今井宗久や津田宗及、千利休等が茶の湯を通じて信長の信用を得る事に成功し、信長側近まで出世した。

小西隆佐も行長の兄、如清と共に信長と誼を通じ、ルイス・フロイスが岐阜の信長を初訪問した時も随行している。後にフロイスの指示により信長に謁見して「一瓶の金平糖」を献上し、宣教師の活動説明を行なうと信長は満足し、同時に今井宗久達に遅ればせながらも信長への接近を達成した。

信長は隆佐達の宅に寄りその接待をうけ、彼らを安土城の茶室に呼び親交を深めた。しかし隆佐は他の堺商人達のように信長一辺倒ではなかった。信長は確かに優れた武将であったが、その一方で自信過剰、苛烈な一面をもっている。世間の人々は「魔王」と信長を恐れたが、それは信長の家臣も同じだった。中には信長のやり方に耐え切れず荒木村重は叛乱をおこしている。

後に安国寺恵瓊は、

「信長の代は三年ないし五年は持ち、明年あたりには公家などになるかもしれないが、そのあと高ころびあおのけに転ぶ。」と予言している。

他にも公卿の竹内季治は、

「信長の勢いは今、その極に達しているが、やがて無花果《いちじく》の如く地上に落ちるしかない。」と断言している。

隆佐も信長がいつ「あおむけに転ぶ」かと危険を感じていた。そこで隆佐が目をつけたのが信長の家臣、羽柴秀吉である。

隆佐はまだ貧しかった頃の秀吉を世話をしたことがあった。その秀吉も今は長浜城主に出世。織田信長の家臣のなかでも、しだいに重きをなしていた。信長の家臣筆頭は佐久間信盛、柴田勝家の両名。二人に次ぐものは丹羽長秀、滝川一益、明智光秀、羽柴秀吉らであった。

隆佐は秀吉の家臣に取りたてられた。そして秀吉のブレーンとして大名との交渉、出納財政を管理する経済官僚的存在となっている。

隆佐の妻マグレイナは秀吉の正室おねに右筆（秘書）として仕え、城中の女子衆に茶や作法を指導した。

隆佐は秀吉に仕える様になった為、長男如清を後継として手元に置いた。

そして次男弥九郎は隆佐に命じられて備前（岡山県）に旅立ち、魚屋九郎衛門の養子となった。

その後、久郎衛門の養女、宇喜多秀家の従妹、菊姫（洗礼名はジュスタ）と結婚。

同じ頃、羽柴秀吉は信長から中国方面司令官に任命され、中国へ出陣した。

一人は小西一族の勢力拡大の為、一人は信長の天下布武の為、二人は西へ。

やがて運命は二人を結ぶ事になる。

小西弥九郎、後の小西行長は幼い頃、父隆佐の影響を受け、早くからキリシタンになった。

洗礼名はドン・アゴスチイノ。

太閤記では、

「行長豪勇にして機警（その場に応じて知恵が働く）があり、好んで兵書を読み、策略に長ぜり。」

「力あくまで強く、知謀に秀で色白く、長身にて、常人にはない資質がある。」

と、行長の能力は高く評価されていた。

風貌は精悍《せいかん》で、目は鷹《たか》のように鋭いきらめきを放っている。骨格はたくましく、全身は鍛えられ、引きしまっている。

京八流、吉岡憲法で武道を学んだ剣の達人であり、砲術家としても一流であった。

若い時から小西家の商船団の指揮をとって活躍していた。航海術、天文学、海上輸送能力、戦闘力にも優れていた。

書や作法を身につけ、商人出身ならではの優れた経済感覚や卓越した外交術ももっていた。

国際都市、堺で生まれ育ち、宣教師達と交流があり、海外と貿易していた為、視野が広く国際感覚を備えていた。

茶人としても一流であり、千利休の茶席にも招かれている。

文武に秀でた人物だった。

魚屋九郎衛門は岡山城城主宇喜多直家の御用商人だったので、弥九郎も商売の為に直家の許に出入りしていた。やがて直家は弥九郎の才能を気に入り重用するようになった。一五七七年（天正五年）頃には城内に自由に出入りをするのを認められ、軍用金の調達も任された。

又、弥九郎のはからいで直家に鉄砲百丁が渡され、直家の信頼を深めることになった。

宇喜多直家は浦上宗景の家臣から知略、謀略の限りを尽くし領内の諸豪族を倒し、遂には主君の浦上氏を讃岐（香川県）に追放し、備前（岡山県南部）、美作（岡山県北部、津山）の六十二万石を支配するまでに成長した。

後に「戦国の梟雄」と言われた。

天正五年（一五七七年）、羽柴秀吉率いる中国方面軍は黒田官兵衛の招きにより姫路城に入城した。

そして秀吉は播磨（兵庫県）の豪族達に降伏を説いて回った。その結果、東播磨のほとんどの豪族達は人質を送り秀吉に服属を誓った。

しかし毛利氏の影響力の強い西播磨の福原城城主、福原助就《すけなり》と上月城城主、赤松政範は頑として帰服しなかった。そこで秀吉は三万の兵を率いて出陣。福原城、上月城を攻略。

そして上月城は尼子勝久と山中鹿介が入城した。

天正五年（一五七七年）、秀吉は播磨全域を平定した。

しかし天正六年（一五七八年）二月、東播磨四十三万石を支配する戦国大名、別所長治は織田氏に従っていたが、突如として反旗を翻し、毛利氏に寝返った。別所氏に呼応した播磨の諸豪族達も次々と毛利方に寝返った。

別所長治は一万の軍勢と共に居城の三木城に籠もり、同時に毛利輝元に援軍を要請した。

当時の中国地方は毛利元就の跡を継いだ孫の輝元が勢力を拡大していた。その輝元を毛利の両川、猛将、吉川元春と知将、小早川隆景の二人の叔父が補佐していた。

毛利氏の領土は長門、周防（山口県）、安芸、備後（広島県）、備中、美作の一部（岡山県）、石見、出雲（島根県）、伯耆、因幡（鳥取県）、但馬（兵庫県北部）、伊予（愛媛県）、豊前、筑前の一部（福岡県、北九州）を支配下に収め、所領は二百万石、兵力は三万五千から五万の大軍勢だった。

毛利輝元は別所長治に援軍を送った。

天正六年（一五七八年）三月、吉川元春は一万五千、小早川隆景は二万の軍勢を率いて出陣、同年四月に尼子勝久と山中鹿介ら主従が守る上月城を包囲した。秀吉は尼子氏を救援する為、一万の軍勢を率いて高倉山に布陣した。しかし信長から三木城攻撃に専念する様にとの命が届き、六月に撤収した。

秀吉勢に見捨てられた上月城は毛利方によって落ち、勝久は白刃。山中鹿介は輝元のもとへ護送中に謀殺された。尼子氏は滅亡した。

毛利軍は五ヵ月に及ぶ上月城の包囲戦で疲労していた。三木城へ援軍を送るのには補給線が長すぎて実行できなかった。

三木城攻略に専念した秀吉は六月下旬には姫路城の西北にある書写山に陣を移した。三木城の最も有力な支城である神吉城を七月に攻め落とし、翌八月には志方城を攻略して三木城を孤立させるにいたった。

しかし十月、摂津有岡城（伊丹市）城主の荒木村重が毛利方に寝返った。黒田官兵衛は説得のために有岡城に向かったが村重に捕らえられ幽閉されてしまった。

翌年六月には竹中半兵衛が病死等、秀吉軍に不幸が重なった。

それでも包囲戦は続けられ、秀吉軍は三木城の支城をすべて落とし三木城を孤立状態に追い込んだ。

三木城の戦況が宇喜多直家に伝えられた。

毛利方についていた直家は織田家の支配下に入ることを決断した。

直家は秀吉に送るべき使者を家臣と協議した後、白羽の矢をたてたのが才智があり弁舌さわやかな魚屋弥九郎である。

天正七年（一五七九年）九月、魚屋弥九郎は一国の命運を背負い、秀吉の本陣がある平山へと向かった。

弥九郎は秀吉との対面でも少しも恐れることもなく大胆不敵にも宇喜多直家の家臣と称した。秀吉は、

「宇喜多家は備前美作の領主であれば家臣には立派な人物がいるのではないか。私はお前をよく知っている。なぜ重臣を使者とせず、弥九郎のような町人を使者とするのか。直家の腹中に疑心がある証拠ではないか。」

と声をはりあげて言った。弥九郎は席を下って低頭し、

「私は堺の町人、小西隆佐の倅にて秀吉様が堺に来られた際、その時十一歳であった私は

お茶の給仕に出たことがございます。その後十年たった後でも私の事を覚えていただけましたとは。私が宇喜多家の家臣と偽りを称したことを罰し、殺されたとしても決して恨みには思いませぬ。」

と答えた。

大平の世の交渉ではない。戦国の世で武家との交渉である。一歩間違えれば殺されるかもしれない。弥九郎の命を懸けた交渉は秀吉の心を動かした。同時に秀吉は弥九郎の器量を見ぬいた。

（この男は只の商人ではない。将たる器だ）

秀吉は面色をやわらげて直家の世継ぎ、秀家の人質と引き換えに講和を承知した。

弥九郎は秀家の守役を勤めた。

無事に講和を成功させた弥九郎は直家から二百石を与えられ士分に取りたてられ、秀吉からも播磨の室津に千石を与えられた。

後に「千石の舌」と言われた。

この後、弥九郎は魚屋家を離れ、小西行長と名を改めた。

商人から武士になったのである。

十月三十日、信長は直家の降を認めた。

宇喜多直家が織田方についた事により、三木城は毛利からの補給路は完全になくなった。

十一月には滝川一益によって有岡城は落城。官兵衛は家臣の栗山利安によって一年ぶりに救出された。

厳しい包囲で兵糧補給を断たれた三木城内では餓死者は数千人にのぼった。「三木の干殺し」として恐れられる完璧な兵糧攻めであった。

天正八年一月、長治は一族の命と引きかえに城兵の助命を申し出る。秀吉はこれを受け一月十七日、長治と妻子、一族の武将達は自害。二年に及ぶ三木城攻めは終結し、再び播磨は平定された。

戦においては戦わずに勝つ、交渉で勝敗を決することが一番の上策である。

三木城という一つの城を攻略するのに二年の歳月、両軍合わせて多くの死傷者、莫大な戦費がかかった。

これに対し行長はわずか数時間の交渉で秀吉に備前、美作の二ヵ国、及び二万の軍勢と軍備、領内の岡山城と他の城々を無傷で渡したのである。

宇喜多勢が秀吉についた事により秀吉は中国進出に大きく前進し、毛利勢には大打撃だった。

天正九年（一五八一年）、行長は毛利水軍と戦った。毛利水軍は村上元吉、乃美宗勝、粟屋元如、児玉就英ら瀬戸内海の島々を本拠とする海賊衆を主力としていた。

弘治元年（一五五五年）、厳島合戦では村上武吉率いる村上水軍は陶晴賢の軍船に切り込み、散々に打ち破った。

天正四年（一五七六年）、織田水軍との間で一大決戦が展開された。木津川口海戦である。八百隻の毛利水軍を指揮したのは総大将の村上武吉。これに対し織田水軍は九鬼喜隆を総大将とし三百隻を率いて木津川口に配置した。

毛利水軍は炮烙《ほうろく》（容器に火薬を詰め、導火線に点火して投げ込む）と火薬を用いた火矢で織田水軍に猛攻を加えた。織田水軍は壊滅し、三百隻のほとんどが焼き崩れ、数百人の将兵達が戦死した。

毛利水軍は戦国最強の海上軍団だった。

その毛利水軍に対し、行長は安宅船《あたけぶね》（楯板で装甲された総矢倉の大型船で、大筒や大鉄砲を備えていた。戦艦の役割をもっており、当時の日本水軍最強の軍船で、その能力は近代の軍艦にも劣らないという）を室津（兵庫県たつの市）から出し、出陣。

当時の加藤清正や福島正則は秀吉の馬廻りの一員でしかなく、行長は彼らよりも先行して、一軍の指揮を取っていたのである。

毛利水軍を撃退し、戦船二百隻を家島まで追い上げた。

織田信長が秀吉の家臣、蜂須賀正勝に宛てた手紙の中に、

「小西が船を出して、毛利の軍勢を敗ったのはすばらしい。」と書かれている。

人をほめることが少ない信長が賞賛しているのだから、行長の活躍はよほどのものだったのだろう。

信長だけではなく、秀吉も行長が毛利水軍を撃退した事を喜んだ。織田軍は陸戦ではどの戦場でも敵軍を圧倒していたが、水軍に限り劣勢に立たされていた。毛利軍との戦いで

水軍の必要を痛感した秀吉は行長に、村上海賊衆をはじめとする瀬戸内海の海賊衆を味方につける様、命じた。

村上海賊衆は能島の村上武吉、因島の村上吉充、来島の村上通昌の三家に分かれていた。その内、来島の村上は説得で味方につける事に成功したが、能島の村上と因島の村上は味方につける事が出来なかった。

しかし瀬戸内海の讃岐塩飽諸島の宮本、吉田、妹尾、小豆島の寒川、直島の高原等の海賊衆は行長の交渉で味方についた。

村上武吉、通昌を味方にする事はできなかったが、それでも瀬戸内海の海賊衆の半数が秀吉方についたのである。

天正九年（一五八一年）二月十四日、宇喜多直家の死によって宇喜多秀家が当主となった。秀家がまだ幼い為、後見人として直家の異母弟、宇喜多忠家が立つことになった。

秀吉は宇喜多忠家に行長を譲る様、交渉した。秀吉の家臣は陸戦の勇士は多い。しかし海戦の勇士は少なかった。秀吉は水軍の頭領として行長がほしかったのだ。

忠家を始め、宇喜多家家臣達は行長を手放したくなかった。しかし秀吉の申し出を断る事はできなかった。

こうして行長は宇喜多家から羽柴家の家臣となった。

天正九年（一五八一年）六月、秀吉は二万の軍を率いて姫路城を発ち、因幡、鳥取城の攻略に入った。

対する城方では、吉川氏一族の吉川経家が四百余の手勢を率いて鳥取城に入り、四千人の軍兵や地元民と共に籠城した。

秀吉はあらかじめ行長に命じて、鳥取城下の米穀を高値をつけて買収した。中には金に目がくらみ城内の備蓄米まで売ってしまった者もいた。

武士にはない、商人を経験している行長はこの任務を成功させた。

その後、行長は関船（とがった船首とスマートな船体の形で、機動力に優れていた船。巡洋艦の役割を果たしていた）四隻と小早（総矢倉を持たない為に防御力は落ちるが、その分小回りが利き、軽快な動きができる。駆逐艦の役割をしている）二十隻で鳥取城救援の為の兵糧を大量に積んだ毛利水軍と千代川で激突した。

当時の日本水軍の戦法は船を接近させて敵の船に乗り込み白兵戦に移り、敵の船ごと乗っ取るのが基本であった。

それに対し行長の戦法は大砲の重火器による砲撃で敵船を撃破するという近代海戦を先取りした戦法を採った。

大砲は、ただ撃てば標的に当たるものではない。砲弾の軌道を計算して角度を調整する。その時計算間違いすると絶対に当たらない。

大砲を撃つ兵士を砲兵といい、行長は砲兵の才能があったのである。

行長は毛利水軍の強力な武器、炮烙《ほうらく》、火矢を避ける為、追い風を受けて毛利水軍を砲撃。次々と毛利水軍の関船は沈められた。

毛利水軍は炮烙《ほうらく》と火矢で反撃するが、逆風で小西水軍まで届かない。毛利の艦船は小西水軍の標的となり、救援物資を積みこんだ荷船（兵員や兵糧を運ぶ船）を含み、六十五隻の船が撃沈された。


毛利水軍の敗北により、海上からの兵糧搬入は阻止された。

秀吉は久松山の東方の太閤ヶ平に本陣を置き、鳥取城を包囲した。

毛利からは援軍として吉川元春が出雲から出馬したが伯耆で南条元続に阻まれた。山陽道を進んだ毛利輝元、小早川隆景は美作で行長の交渉で秀吉方についた宇喜多忠家の軍勢によって阻まれ進めない。

城の兵糧は完全に尽き、籠城方は餓死者が続出した。

十月二十五日、城将の吉川経家は開城を決意し秀吉に降伏。経家は重臣数人と共に自刀して果てた。

山陰の誇る堅城、鳥取城は四ヵ月で開城。

鳥取城の渇え殺しと呼ばれた。

鳥取城開城の陰の立役者。それはまぎれもなく行長であった。

因幡は平定され、毛利は山陰方面での勢力を失い、出雲へ後退した。

その後、秀吉は淡路島に攻め入った。洲本の由良城、岩屋城を陥落させ、わずか三日間で淡路島を攻略した。

この淡路島攻略は小西水軍が毛利水軍を撃破し、海上の優勢を確保して可能となった戦果だった。

天正十年（一五八二年）四月十四日、因幡、淡路島を平定した秀吉は三万の軍勢を率いて姫路を発ち、備中冠山城を攻めた。

冠山城は林重真が城主となり、五百人の兵で秀吉軍の攻撃に備えた。

秀吉は一挙に破ろうと攻めたが、城兵達は鉄砲を撃ち反撃。寄せ手の戦死者は数百人にも及び、退却した。

秀吉は林重真に備中半国を提示して降伏を誘ったが応じなかった。

秀吉は四月二十五日、総攻撃を命じた。

攻撃する兵の中に行長もいた。行長の甲冑《かっちゅう》具足《ぐそく》は軽装で、額には白鉢巻を巻きしめた。動きやすいことを第一にしていた。

行長は冠山城方の豪勇の武士を数人討ち取り武功をあげた。

城方は秀吉勢の猛攻に城兵達の殆どが討ち取られた。林重真は落城前に切腹した。

冠山城を含み、備中領内に築かれた毛利方の諸城を攻略した秀吉軍は五月七日、備中高松城を包囲した。秀吉は本陣を高松城に近接する蛙ヶ鼻に構えた。

高松城城主、清水宗治は一族ら兵六千と共に籠城した。

高松城は城を囲む低湿地帯が天然の外堀となり、攻めにくい堅城であった。

秀吉は長堤を築いて足守川の流れをせき止め、水攻めにすることにした。そして五月七日から十九日までの十二日間で長さ約三キロ、高さ約七メートルの堤防が完成した。

三日間に及んだ大雨で水かさは増していき高松城は水没し湖城に浮かぶ孤城と化した。しかし城に籠る六千の城兵は士気も高く頑強に抵抗した。

毛利輝元は三万の軍勢を率い高松城の救援に向かった。小早川隆景は日差山（倉敷市）吉川元春は岩崎山（庚申山。岡山市）、輝元は猿掛山（倉敷市）に陣営を設けた。

しかし、秀吉が三万の軍で守りを固めた為、一歩も進むことができなかった。

秀吉は行長に船による城攻めを命じた。行長は浅野長政と共に大将として関船三隻を率い出陣した。

関船から高松城に向かって大砲から砲撃した。城櫓の一つが直撃され、吹きとばされた。船から鉄砲での射撃と大砲の攻撃で城兵達は次々と倒れていった。鉤縄も投げられ、縄先についた鉄鉤で城壁は引き落とされた。

湖上を自在に動く関船の一方的な猛攻の前に城兵達は一気に士気が下がり、落城寸前まで追い込まれた。

毛利方も援軍を送りたいが秀吉軍に阻まれ動けない。高松城を攻撃している小西水軍は二度にわたり毛利水軍を撃破した強敵である。

このままでは高松城は落城してしまう。

追い込まれた輝元は、やむなく秀吉との講話の道を選択することになる。

毛利方は安国寺恵瓊を通じて講和交渉を開始した。秀吉方は黒田官兵衛である。

秀吉方と毛利方が交渉中、天正十年（一五八二年）六月一日、明智光秀は一万三千の将兵を率い、老ノ坂を越え桂川を渡りきった所で全軍に告げた。

「敵は本能寺にあり。」

光秀は本能寺襲撃を全軍に命じた。

本能寺は四方に土塁や塀で囲まれ、城の機能も備えていた。しかし信長はわずかの供回りしか連れていなかった。

六月二日未明、明智光秀率いる一万三千の軍勢は本能寺を包囲した。

信長は表御殿に出て、森蘭丸達と共に弓矢で応戦、弓の弦が切れた後、今度は槍で応戦した。しかし多勢に無勢だった。明智軍の放った火矢により本能寺は猛火に包まれた。信長は奥の部屋に入り、炎の中に消えた。

「是非もない。（仕方がない）」

嫡子信忠は二条城で防戦したが、光秀の猛攻によって切腹して果てた。

天下を揺るがす大事件だった。信長の死は多くの武将達の運命を一変させた。

六月三日の夕方、信長を討ったことを毛利輝元に知らせる明智光秀の密使が誤って、秀吉の本陣に来てしまい、つかまって密書をとりあげられた。

信長の死を知った秀吉は号泣した。

「殿、好機到来。」

官兵衛は秀吉の耳元で囁いた。

秀吉の目の色がかわった。頭の回転の速い男だけに官兵衛の言う事は分かっていた。

次の天下人は貴方だと。

秀吉は明智光秀を討つ為、一刻も早く毛利と和睦しなければならなかった。

柴田勝家、佐々成政、前田利家は越中（富山県）で上杉方と魚津城で交戦。滝川一益は上野（栃木県、埼玉県）に侵攻してきた小田原城の北条氏直と戦っていた。

徳川家康は堺で見物をしている時、「本能寺の変」を知らされた。

家康は自害を覚悟したが本多忠勝に諌められた。そして三河（愛知県、静岡県）への最短距離である伊賀越えを決行した。そして無事に岡崎に帰る事ができ、九死に一生を得たという。

今、信長の仇討ちの最短距離にいるのは秀吉だった。

黒田官兵衛は安国寺恵瓊と交渉し、官兵衛は備中、美作、伯耆の三ヵ国の割譲と清水宗治の自害を和睦条件として提示した。

毛利方はこの条件を受け入れ講和が成立。

宗治は小舟に乗って秀吉の本陣まで向かい、舞を踊った後、自害した。

秀吉は宗治の自害を見届けた後、高松城攻めの陣所を撤収し、明智光秀追討に向けるために大軍を京都に向けて移動を開始した。

高松城から京都までの約二百キロを五日間で走破した大強行軍「中国大返し」である。

本能寺の変を伝える報せが毛利方に届いたのは六月四日の夕方であった。

しかし毛利氏は追撃ができなかった。宇喜多氏の二万の大軍が、毛利軍の動きを止めたからである。行長が高松城を早期に開城させ、宇喜多氏を味方につけた功は大きかったのである。

六月十三日、円明寺川（現・小泉川）を挟んで羽柴軍四万の軍勢と明智軍一万六千の軍勢が対陣する。羽柴軍は中川清秀、高山右近ら摂津衆が最前線に着陣、黒田官兵衛、羽柴秀長達は天王山に布陣、池田恒興達は右翼に、秀吉の本陣は宝積寺に布陣した。

対する明智軍は御坊塚に光秀は本陣を置き、その前面に斎藤利三、河内衆、旧幕府衆が円明寺川を防衛線として布陣した。

午後四時、斎藤軍が中川、高山両軍に攻撃を開始、天下分け目の天王山、山崎の戦いが開戦する。

緒戦は斎藤軍の猛攻で中川、高山の両勢は後退するが、堀秀政の救援で持ちこたえる。黒田官兵衛と羽柴秀長の軍勢は光秀軍の並河易家、松田左近の両軍と交戦し、一進一退の攻防が続く。

その時、池田恒興、加藤光泰両軍は密かに円明川を渡河し津田信春軍を撃破した。

その勢いで明智軍の主力である斎藤軍を攻撃。さらに織田信孝、丹羽長秀勢も斎藤軍に襲いかかった。秀吉軍の猛攻の前に斎藤利三が戦死。明智軍の主力である斎藤軍の崩壊により、明智軍は総崩れとなった。

光秀は後方の勝龍寺城に退却。しかし籠城戦ができる城ではなく、光秀は居城の坂本城を目指し脱出。

光秀は深草大亀谷（京都市）を過ぎ、小栗栖の竹薮にさしかかった時、農民の落ち武者狩りに遭い、竹槍で脇腹を刺された。

横尾庄兵衛の介錯で光秀は自刃して果てた。「光秀の三日天下」は終わった。

六月二十七日、尾張（愛知県）の清洲城で信長の後継者を決める清洲会議が開かれた。参加者は秀吉、柴田勝家、池田恒興、丹羽長秀の四人である。柴田勝家は信長の三男、信孝を推薦した。それに対し秀吉は信長の嫡男信忠の子、三法師丸を推し立てた。

信長の弔合戦に勝利している秀吉は清洲会議で主導権を握り、丹羽長秀、池田恒興は秀吉を支持した。その結果、後継者は三法師丸に決定した。

清洲会議の後、柴田勝家と秀吉の対立は決定的となった。

秀吉は十月十五日、京都紫野の大徳寺で信長の葬儀を盛大に行なった。

行長は一千余人を催《もよお》して四方を囲んで非常警戒に当たっている。

天正十一年一月、伊勢（三重県）の滝川一益は勝家に与し挙兵し、長島城で秀吉を迎え撃った。

長島城は木曽川、長良川、揖斐川の河口にあたり、輪中として中洲が独立している天然の要害だった。

秀吉は六万の大軍を率い長島城の支城を攻め落とし、二月中旬には長島城を攻撃した。一益は長島、中井、桑名の三城間の城兵と連携し籠城戦で対抗。中洲の地形を利用し、鉄砲隊によるゲリラ戦で反撃、秀吉軍は敗退した。

秀吉は攻撃を兵糧攻めに切り替えたが戦果をあげる事はできなかった。

三月十二日、勝家は滝川を救う為、前田利家、佐久間盛政、金森長近ら三万の軍を率い出陣。近江、柳ヶ瀬に布陣した。

秀吉は織田信雄と蒲生氏郷の一万の軍勢を伊勢に残し、三月十九日に五万の軍を率いて木ノ本に布陣した。

四月十六日、織田信孝は一益に呼応して挙兵した。秀吉は十六日、大垣城（岐阜県）に入った。

秀吉軍の主力が近江を離れた事を知った佐久間盛政は二十日、大岩山の中川清秀の陣を攻撃した。佐久間軍の猛攻で中川軍は壊滅し清秀は討死。佐久間軍は岩崎山の高山右近軍を攻撃、高山軍は岩崎山から木ノ本に後退した。

勝家は盛政に本陣への早期帰陣する様に命じたが、盛政は応じなかった。

四月二十日の午後十二時、大垣城の秀吉に中川軍壊滅の報せを受けた。

秀吉軍はその後、約五十キロを五時間で移動、木ノ本に到着した。

秀吉軍は盛政軍を追撃し、後方の勝家が支援の軍を率い盛政軍を救援。

深夜二時、両軍は賤ヶ岳で決戦した。しかし合戦中、勝家軍の前田利家隊、金森長近隊、不破勝光隊の三隊が離脱した。三隊の離脱で脱走者が続出。前線に動揺が走り、ついに総崩れとなった。

勝家は越前（福井県）の北ノ庄城に向けて退却した。

四月二十三日、秀吉軍は北ノ庄城を包囲する。勝家は天守に火を放ち、妻お市と共に自害した。連れ子の三姉妹（茶々、お初、お督）は城を脱出し、秀吉に手厚く保護された。

四月、〝四国の虎〟長宗我部元親が讃岐に進攻した。虎丸城にいた十河存保は秀吉に救援を求めた。秀吉は仙石秀久を援軍として送り、二千の兵で引田に上陸した。元親は香川信景、大西上野介の軍勢を引田浦に出陣、仙石軍と戦った。香川軍は敗れ敗走したが、大西軍が救援し仙石軍を敗った。

翌朝香川、大西軍は引田に陣を置く仙石軍を急襲した。仙石軍は敗れ、淡路へ撤退した。仙石軍が敗れた後、存保は虎丸城を撤退して十河城へ入った。

同じ頃、行長は関船二隻で香西湾にある勝賀城の出城、茂山城の下に着船した。

行長は、

「羽柴筑前守の使者として小西行長が来たのでその旨を城主に伝える様に。」

と言った。

城内では「関船が攻めてきた。」と恐れ騒ぎ、戦ができる状況ではなかった。

海賊大将の渡辺市之丞《げん》はこの状況を敵に悟られては城を攻め落とされると判断し、大筒を撃った。砲弾は一隻の舷側に命中した。

船上では行長の家臣が、

「殿、どうなされます。」

と聞いた。行長は、

「今回の目的は戦ではない。無益な血は流すな。」

行長はそう言うと、二隻とも沖へこぎ去って姿を消した。

北ノ庄城落城後、秀吉に叛旗を翻した織田信孝は秀吉の使者より切腹を命じられた。

五月二日、信孝は尾張知多半島の内海にある大御堂寺で自害して果てた。

残るは長島城の滝川一益のみである。

滝川一益は織田信長の四天王の一人で、信長の天下統一事業に大きく貢献した。

伊勢北畠氏攻めでは先鋒として活躍し、伊勢湾を制した。長島一向一揆攻めでは海上から安宅船を指揮して攻撃し、一揆を鎮圧した。

その後も各地に転戦し、第二次木津川口合戦では九鬼嘉喜と共に毛利水軍を撃破し、うち破っている。中国攻めでは有岡城を落城させている。

甲州征伐では織田信忠の軍監（軍の指揮官）として織田軍の主力となっている。この征伐で武田勝頼を天目山麓で討ち取り武功をあげている。本能寺の変後には北条氏と戦った。

「進むも引くも滝川（侵攻戦も退却戦も上手である）」といわれるほど戦上手であり、猛将だった。

賤ケ岳の合戦中は織田信雄と蒲生氏郷の一万の軍が長島城を攻めたが攻略できなかった。

秀吉は行長に長島城攻めを命じた。

行長は安宅船に乗り、数十隻の小早を率いて出陣した。

安宅船の大筒から城に向かって砲撃した。

城櫓は次々と粉砕され、敵兵がひるんだ所へ小早数十隻で討って出て城の内堀まで押しよせ、鉄砲で逃げる敵兵を攻撃した。

小西水軍の総攻撃により一益は七月、無条件で降伏した。

一益は所領を没収され、京都妙心寺で剃髪、丹羽長秀を頼り越前（福井県）で隠居した。

行長は一益に引導をわたした。

秀吉が六万の軍で攻め落とせなかった長島城を行長は攻め落としたのである。

織田家を二分した戦は秀吉の勝利に終わり、反秀吉勢力は一掃された。

勝利を収めた秀吉は信長が築いた天下人の継承者となることを決定づけたのである。

山崎合戦と賤ヶ岳合戦の間に行長は秀吉から舟奉行に任命され水軍を率いるようになり、村上海賊衆と対抗できる戦力をもっていた。

小豆島の管理と三千石をうけていた。三千石は秀吉の側近の旗本に匹敵する身分である。

塩飽諸島から堺にいたるまでの瀬戸内海の島々と船舶を監督し、村上海賊衆や長宗我部水軍をけん制した。

この時代の瀬戸内海や紀伊海道の海域は安全に航海できる海ではなかった。敵の水軍や海賊衆が航行する船を襲い、武力で略奪していた時代である。

行長の水軍は、敵の水軍や海賊から輸送船や商船を軍艦で護衛して航行する護送船団の役割を果たしていた。

行長は兵站《へいたん》（食糧、武器、軍馬等、軍用物資や兵員の輸送、戦争において作戦を行う部隊の移動と支援を計画し、実行する戦闘支援や後方支援。施設の建設や維持）を担当していた。

戦において合戦と兵站は「両輪」であり、兵站がなければ戦はできなかった。

「戦争のプロは兵站を語り、戦争の素人は戦略を語る。」

という格言もあり、重要な任務を行長は任されたのである。

ルイス・フロイスは行長を、

「海の総司令官」

と称し、頭角を現していった。

天正十一年（一五八三年）九月、秀吉は大坂の石山本願寺跡に大坂城の築城を始めた。

大坂は広大な平野が広がり、大坂湾は海に面しており、その海は瀬戸内海につながっている。陸路と海路が充実しており、交通の便にも優れている。水資源も琵琶湖という貯水池があり、防御面でも大和川、平野川、淀川他にも大小の河川が城を取りまくように流れ天然の要害となっていた。

大坂城築城の工事は三十余ヵ国の大名達によって進められ、七万人が従事した。

行長は小豆島から石垣に用いる石材を船で大坂湾に送った。

この頃行長は黒田官兵衛、蒲生氏郷、石田三成、高山右近と親交を深めた。官兵衛は行長の勧めでキリスト教に入信した。

大坂城は三年後に完成。本丸には五層八重の大天守がそびえ、本丸、二の丸、三の丸の周囲は十五キロにも及び、当時の日本で史上最大の城郭であった。

織田信孝を殺し、織田家にかわり天下を取ろうとする秀吉のやり方を快く思わない者もいた。信長の次男、織田信雄である。

信雄は、かつて秀吉の同盟者であり、甲斐（山梨県）、信濃（長野県）、駿河（神奈川県、静岡県）遠江、三河（静岡県、愛知県）の五ヵ国を領する実力者、徳川家康と手を組んだ。

家康は信雄の同盟者として織田家を守る「大義名分」を手に入れた。

家康は秀吉に宣戦布告し、長宗我部元親、紀伊（和歌山県、三重県）の根来、雑賀党と結び、大坂に攻める様に促した。

天正十二年（一五八四年）三月二十一日、秀吉は尾張に向けて出陣。秀吉の大坂不在を狙い、根来、雑賀党は大坂に進出。二手に分かれ、一手は土橋平丞兄弟を将として岸和田城の中村一氏を攻撃。もう一手は大坂城下を焼き、城を占領すべく大坂に北上を開始。堺を占領し、大坂近郊まで進撃した。

大坂は風前の灯だった。

行長は安宅船、関船、小早合わせて七十隻を率いて堺に出撃した。船団から大砲で一斉に敵に向かって砲撃した。敵を撃破した後、船団は海岸に上陸。小西軍は多くの敵兵を討ち取った。根来、雑賀党は壊滅、敗走した。

この戦術は第二次世界大戦のドイツ軍の電撃戦（戦闘機で敵陣を爆撃し、その後を戦車を主力とした機甲部隊で突撃し、敵を撃破する）を先取りした見事な戦術だった。

大坂は火の海から救われたのである。

岸和田城では中村一氏と松浦宗清の城兵八千の兵で根来、雑賀党を撃破し、城を守り切った。

家康は長宗我部元親に渡海を要請した。

しかし、元親は要請に応えることはできなかった。行長の海上封鎖と讃岐平定に手こずっていたからである。

行長は引田浦に上陸、十河城へ食糧や武器を搬入している。行長の支援で十河存保は長宗我部軍に抵抗する事ができたのである。

長宗我部水軍が紀州に向かおうと出撃するが、行長率いる小西水軍に撃退された。

長宗我部元親は十河城に最大限の戦力を投入した。そして六月十一日に十河城は落城した。十河存保は落城前夜に行長の手で畿内に逃れた。

元親は讃岐は平定したものの、畿内に進出する事はできなかった。

行長が長宗我部元親を抑えていた為、秀吉は背後を心配する事はなく、家康との戦いに専念できたのである。

三月、秀吉は十万の大軍で尾張へ侵攻、犬山城に入った。それに対し、家康、信雄連合軍は三万の軍で小牧山城に陣を布いた。

秀吉と家康は天下の覇権をかけ、小牧、長久手（愛知県）で戦った。

四月七日、秀吉の甥、羽柴秀次を総大将とし、先鋒池田恒興、第二隊森長可、第三隊堀秀政、総勢二万の軍勢が三河を目指した。

しかし家康は秀次軍の動きを察し、一万五千の軍を率い追撃。四月九日午前九時、戦いが始まり家康は各隊を撃破。池田恒興、元助父子、森長可は戦死、秀次は敗走した。

長久手の戦で敗れた秀吉は信雄と単独で講和を結んだ。

信雄と秀吉が講和を結ぶ事により、家康は秀吉と戦う大義名分が失われ、戦うことができなくなった。家康は秀吉と講和を結び、後に臣下となった。

この時、秀吉の所領は二十数ヵ国、六百万石であった。

天正十三年（一五八五年）三月二十一日、秀吉は紀伊攻めを開始した。秀吉は十万の大軍を率い紀州へと向かった。海上では行長が水軍の将とし岸和田に向かって出陣、岸和田城で九鬼嘉隆、脇坂安治、小早川隆景等の水軍と合流し、海陸両面から紀伊へ進攻した。

雑賀党の防衛線である千石堀城、畠中城、積善寺城、沢城（大阪府貝塚市）の諸城はわずか三日で落城し、前線陣地は崩壊した。

三月二十三日、秀吉は岸和田城を発し、根来寺に向かった。根来衆の主力は前線に出払っていて、寺には僧兵がほとんどいなかった。

残っていた者は一戦も交えず逃亡し、根来寺は占領され、二十三日に秀吉は着陣した。

その夜、突然根来寺は出火して炎上し、本堂、大塔、南大門等一部を残し廃墟となった。

三月二十三日、仙石秀久、中村一氏、小西行長率いる水軍は紀伊守護であり、根来、雑賀党の盟主、畠山貞政を攻撃した。水軍は畠山氏の支城、鳥屋城（有田川町）を攻略、そして居城の岩屋城（有田市）を攻め落とし、畠山貞政は敗走した。

三月二十四日、仙石、中村、小西水軍は秀吉に抵抗する日高郡小松原（御坊市）の湯河直春の領土に侵攻した。直春は小松原の居館と亀山城（御坊市）から泊城（田辺市）まで後退した。水軍は泊城を攻撃し二十八日、直春は熊野へ逃亡した。他の紀伊の土豪、新宮の堀内氏善、有田の白樫、日高の玉置が秀吉に帰順した。

これにより紀伊南部を平定した。

四月十六日、紀伊の一大勢力である高野山は秀吉に全面降伏した。

各戦線で敗れた根来、雑賀党は太田左近を大将とする太田党の居城、太田城（和歌山市）に集結し、五千人が籠城した。

雑賀衆は、

「雑賀衆を味方にすれば必ず勝ち、敵にすれば必ず負ける。」

と言われ、雑賀衆の強力な鉄砲集団は織田軍を二度にわたり撃退している。

当時、「戦国最強の傭兵集団」だった。

その強敵、雑賀党を秀吉は太田城に追いつめていた。

三月二十五日、秀吉は中村一氏、雑賀孫一を城に向かわせ降伏勧告を行ったが、城方は

いた。

応じなかった。

太田城は四方二七三メートルあり、周囲に深い堀をめぐらし、各所には高い櫓を築いていた。

当時の城としては堅城として名高かった。

秀吉は三月二十五日、紀ノ川の水をせき止め、城の周囲三百メートルの所に大堤防を築いた。全長六キロ、堤防の高さ五メートル、土台の幅は三十メートルであった。堤防は六日間で完成し、四月一日から水を入れ始めた。

四月三日から大雨が降り続き、太田城一面は満水となった。だが籠城側は水攻めにも屈せず、必死に抵抗していた。

四月二十一日、秀吉は行長に太田城攻めを命じた。城を水攻めにし、行長の水軍の攻撃でとどめをさす。秀吉の新しい戦術である。

行長は十三隻の安宅船を率いて出陣。大砲で太田城内を砲撃。櫓や土居を撃ち崩し、雑賀衆は吹き飛ばされた。安宅船を総動員した攻撃で一時は城域の大半を占拠した。

しかし雑賀衆も鉄砲を使って反撃した。双方激しい撃ち合いとなったが、寄手の損害も大きくなり行長はやむを得ず撤退した。

行長は船団を立て直し、二度目の出撃の用意をしていた。

だが、二度目の出撃はなかった。

小西水軍が再び攻撃をしかけてくるのではないのかと恐れ、城内で反乱が起こった。

四月二十二日、反乱軍は首謀者五十三人の首を差し出し、城内の兵士一同と妻子の助命を願い出た。

秀吉は首謀者五十三人の首を受け取り、さらに首謀者の妻女二十八人を磔に掛けた。

他の者は許され、太田城から退城した。

紀州攻めは終了し「戦国最強の傭兵集団」雑賀衆は滅亡した。

四月二十七日、秀吉は大坂へ凱旋した。

大坂では宇喜多八郎が十三歳で元服（男性の成人を示す儀式）し、烏帽子親（新成人の後見人）は秀吉、髪結役は行長がつとめた。

秀吉の一字を賜わり秀家と称し、五十七万四千石を領する大名となった。

四月、四国では長宗我部元親が伊予の湯築城（松山市）城主河野通直を降伏させた。

元親は伊予を平定し、悲願だった四国制覇を成し遂げた。

秀吉は元親に讃岐、伊予の返上を命じた。

元親は伊予一国の返上で交渉したが、秀吉は認めなかった。交渉は決裂し、秀吉は四国への出陣を決定した。秀吉が病気になった為、総大将は弟の秀長がなった。六月十六日、秀吉は十一万の大軍を阿波（徳島県）、伊予、讃岐の三方面へ侵攻させた。

行長は十一万の軍勢の兵士、物資を船団で四国へ輸送した。

黒田官兵衛あての秀吉の書状には、瀬戸内海に面する四国の阿波に対する施策に関して小西行長と相談するようにと記されている。

羽柴秀長は三万の軍を率い、堺を出港。淡路の洲本に着いた。羽柴秀次は三万の軍を率い明石を出港。淡路島の福良で秀長軍と合流、鳴門海峡を渡り、土佐泊（徳島県鳴門市）へ上陸。

宇喜多秀家軍が備前から、黒田官兵衛、蜂須賀小六、家政父子の軍は播磨より出港。総勢二万三千の軍が讃岐の屋島へ上陸した。

毛利軍は三原（広島県）に本陣をおき、毛利輝元が総司令官になった。

小早川隆景と吉川元春は三万の軍を率い、新居浜、氷見（西条市）、今治に上陸した。

秀吉軍は兵農分離による精鋭常備軍であり、軍装は「当世具足」で槍や鉄砲に対する防御力が高いものだった。武具、馬具は綺麗《きれい》で光り輝き、金銀が散りばめられている。馬は立派で雄々しい。当時では最先端の軍であった。

それに対し長宗我部軍の事情は厳しかった。

四国の覇者となった元親だったが、二十年の戦乱で民家は焼け、田畑は荒れ果て農民は疲れ果てて戦いに飽きていた。

主力は一領具足、「死生知らずの野武士」と称され勇猛果敢な軍団で四国制覇の原動力となった。しかし半農半兵で、秀吉軍と違い兵農分離は進んでいなかった。

馬は十人中七人が小さい土佐馬に乗り、軍装は時代遅れの腹巻、胴丸の類であった。鎧は傷みが激しく麻糸で修理されていた。

秀吉軍とは比べものにならなかった。

行長は讃岐方面に参陣した。行長が管理する小豆島は四国攻めの拠点となった。

六月中旬、宇喜多秀家、黒田官兵衛、蜂須賀正勝、仙石秀久、小西行長、尾藤知宣、杉原家次ら諸将は屋島に上陸、高松、牟礼一帯を制圧した。そして陣を布き、二万三千の大軍で喜岡城（高松市高松町）を攻撃した。

喜岡城は炎上し、城主高松頼邑は討ち取られ、二百人の城兵のほとんどは戦死した。勝賀城（高松市香西西町）城主香西佳清は羽柴方に降伏した。

喜岡城落城後、黒田官兵衛は蜂須賀正勝、仙石秀久、小西行長、尾藤知宣、杉原家次の兵五千を率い植田城（高松市東植田町）へ向かって進撃した。

途中で小西隊は由良山城（高松市由良町）、池田城（高松市池田町）を鉄砲で攻撃した。城兵は一戦も交えず城を捨てて逃走した。

植田城は目前に迫った。

植田城は城主戸波親武と二千五百の兵が守っていた。

元親は植田の狭い山間部に敵を引き込み、阿波の白地城（池田町）の元親軍の主力と植田城の城兵と挟撃して敵を撃破しようという計画である。

しかし官兵衛は元親の罠を見破った。

官兵衛は植田城と地形を見分した後、一転して素早く高松の本堂に帰陣した。

官兵衛は宇喜多秀家諸将に、

「讃岐の痩せ城を攻め落としても仕方がない。元親は阿波にいるのだから、秀長殿と合流し阿波の長宗我部軍を先に攻めましょう。阿波が落ちれば讃岐は戦わずして分散します。」

と述べた。

宇喜多、黒田軍は植田城を攻めず、大坂峠越え（香川県東かがわ市、鳴門市の海岸寄りの県境）をして阿波に入った。

羽柴秀長と秀次の軍は宇喜多、黒田軍と合流し、木津城（鳴門市）攻めが始まった。

羽柴軍は、まず木津城の出城、岡崎城（鳴門市）を攻略した。

そして木津城を攻撃した。木津城の城主は東條関兵衛である。大軍で攻めたが城は容易に落ちなかった。しかし仙石秀久の軍が山城の水の手を断った。城内の士気は落ち、城方の敗北は決定的となった。

関兵衛は秀長に降伏を申し入れた。その後、関兵衛は土佐（高知県）に逃亡し、城兵達も離散した。七月八日に木津城は落城した。

元親は逃亡した関兵衛を捕らえ、浦戸城で自害させた。

木津城落城後、牛岐城（阿南市）の城主、香宗我部親泰、渭山《いのやま》城（徳島市）の城主、吉田康俊は土佐へ兵を引き揚げた。

秀長は一宮城（徳島市）、秀次、黒田、宇喜多は岩倉城、脇城（美馬市）へ向かうことになった。

秀長は辰ヶ山に陣を布き、五万の軍で一宮城を攻めた。一宮城は本丸は江村孫左衛門、南は谷忠兵衛が守りを固めていた。城兵は五千である。秀長軍の攻撃に対し城方は必死で防戦し城は落とせなかった。秀長は力攻めが難しいのが分かると城中の水の手を絶った。その結果、城兵は籠城を続ける事が困難になり、ついに谷忠兵衛、江村孫左衛門は降伏した。秀次は四万の軍で岩倉城を攻撃していた。秀次軍には黒田官兵衛が加わっていた。官兵衛の策によって岩倉城を見下ろす高櫓が組まれ、その上から大砲で城を攻撃した。この攻撃で城兵達は戦意を失い〝大剛の士〟長宗我部掃部頭は降伏した。

一宮、岩倉城の落城で孤立した脇城は秀次、黒田官兵衛、宇喜多秀家、蜂須賀正勝、家政父子諸将の圧倒的な攻撃を支えきれず、脇城城主、長宗我部親吉は降伏し、土佐へ敗走した。

伊予では小早川隆景、吉川元春の軍が次々と伊予の諸城を攻め落とした。湯築城の河野通道は小早川隆景の降伏勧告を受け開城、伊予は毛利軍に制圧された。

七月二十五日、元親は秀吉に降伏した。

十年の歳月をかけて四国制覇を成しとげた元親を一ヵ月で敗った秀吉の実力を見せ付けた一戦だった。

四国攻めに参加した行長は黒田官兵衛の指揮下にいた。行長は海戦では右に出る将はいないぐらいに成長したが、陸戦の経験は乏しかった。行長は四国攻めを陸戦で戦う一方、官兵衛の指導で陸戦や戦の駆け引きを学んだ。

今回の四国攻めは秀吉が陸続きではない地域を初めて対象にした大規模な戦闘であった。

その達成には大量の兵士、物資の海上輸送が不可欠であり、その方面において行長の功績は大きかった。四国攻めの成功により、次の九州攻めの地盤固めに成功したのである。

紀伊攻めと四国攻めに活躍した天正十三年は行長にとって躍進の年になったのである。

四国平定が終わった後、秀吉は朝廷から従一位関白に任官されている。九月には豊臣の姓を賜り、朝廷の権威を威光した。

これにより秀吉に背く者は朝敵と呼ばれることになる。信長の死後三年にして秀吉は天下人となり、国家の頂点に立ったのである。

四国平定後、秀吉によって国分けが行なわれた。

長宗我部元親は土佐一国に封じ込まれ、阿波は蜂須賀小六の子家政、伊予は小早川隆景、讃岐は仙石秀久に与えられた。高山右近は摂津高規から播磨明石六万石を与えられて移封する。

そして行長には今までの領地、室津に加え小豆島、塩飽《しわく》諸島、備前の牛窓が領地として与えられた。瀬戸内海の要を占める島々を行長は任されたのである。石高は一万石である。

さらに秀吉は行長を従五位下摂津守に任じた。

瀬戸内海の一大勢力である村上海賊衆は秀吉から目の仇とされて勢力を失墜していき、村上武吉は小早川隆景に攻められ能島を明け渡し竹原（広島県竹原市）に移住させられた。

瀬戸内海で行長を阻む者は誰もいなくなった。

行長は瀬戸内海の覇者となった。

秀吉は堺奉行の松井友閑を更迭し後任に小西隆佐、石田三成を任命した。

隆佐は堺の会合衆筆頭の実力と権力を握り、堺の頂点に立ったのである。

小西一族は豊臣政権の中で地位を向上させた。

行長は小豆島で島防衛の為の城を二ヵ所築き、田畑開発を行った。

教会を建築し、十五メートルにも及ぶ立派な十字架が建てられた。

行長はコエリョに対し小豆島への宣教使派遣を要請した。コエリョはこれに応じ大坂のセミナリヨよりグレゴリオ・デ・セスペデスが派遣された。セスペデスの布教活動により小豆島では内海地方を中心に千四百人以上の島民が洗礼を受けた。

この頃、島津氏が九州を席巻していた。

九州では豊後（大分県）の大友氏、肥前（長崎県、佐賀県）の龍造寺氏、薩摩（鹿児島県）の島津氏の三国時代が続いていた。

しかし、その均衡も破られようとしていた。

豊前、筑前（福岡県）、筑後（佐賀県）、豊後（大分県）、肥後（熊本県）、日向（宮崎県）を支配し、キリシタン王国建設を目指す〝九州の王〟大友宗麟と、薩摩、大隅（鹿児島県）、日向南部（宮崎県）を支配し、北上に進出を図る島津家は九州の覇権をかけて戦った。

島津家には政治力に優れた義久、武力と実力の義弘、智略の歳久、戦術家の家久という四兄弟がいて、力を合わせ一致団結していた。

天正六年（一五七八年）十一月、耳川（宮崎県）の合戦で大友宗麟は島津軍に大敗した。

この敗北後、大友氏は没落していく。

耳川の合戦で大友氏の敗北後、〝肥前の熊〟龍造寺隆信は大友氏の領土に進出し勢力を拡大。肥前、筑後（長崎県、佐賀県）、肥後（熊本県）北半国、筑前（福岡県）九郡、豊前（大分県）三郡、壱岐、対馬両島を支配下に収め、「五州二島の太守」と豪語した。

天正十二年（一五八四年）三月、沖田畷（長崎県）で龍造寺軍は島津軍と戦い敗北、龍造寺隆信は敗死した。この勝利で島津氏は肥前、筑後、肥後を領土とした。

その後、島津氏は大友氏の領土を侵攻し、天正十四年（一五八六年）八月には筑前の立花城周辺と豊後の府内周辺を残し、ほぼ九州全土に勢力を拡大した。

大友氏は滅亡寸前まで追い込まれた。

大友宗麟は上京して秀吉に救援を要請した。

秀吉は島津氏に対して停戦命令を出したが、島津氏はこれを拒否した。

島津氏には祖先が源頼朝の庶子という伝説がある。鎌倉以来の名門としては織田家の草履取りから伸しあがった秀吉を認める気にはならなかった。

だが、この誇り高き決断が、島津氏の命取りとなった。

秀吉は九州攻めを決定した。

同年十二月、豊臣軍の先鋒として仙石秀久、長宗我部元親、信親親子、十河存保の四国勢が豊後に上陸。戸次川（大分県）で島津家久率いる島津軍と戦った。家久は釣り野伏せ（全軍を三隊に分け、中央の部隊が後退して敵を誘導し、追撃する敵を左右に伏せている伏兵が挟撃。さらに中央の部隊が反撃する事で三方面から敵を包囲し攻撃する戦術）を使い四国勢は大敗。長宗我部信親、十河存保は戦死。仙石秀久は敗走した。

天正十五年（一五八七年）三月一日、秀吉は自ら二十五万という大軍を率い九州へ出陣した。

途中、秀吉は安芸の宮島へ渡り厳島神社、そして長門の赤馬関で赤間神社に参拝した。

秀吉が命じた三十万人の兵糧と二万頭の馬の食糧は堺奉行の小西隆佐が近畿地方の豪商達に命じ兵庫の港に集積した。

そして食糧、及び武器、兵員は輸送船によって長州の赤間関に運ばれた。

その運送の総指揮を取り、船団を護衛する為、兵船数十隻を率い兵庫と赤間関の間を往復したのが行長だった。

三月二十八日、豊臣軍は小倉城に入城した。

行長は黒田官兵衛と小早川隆景の陣所に出張して軍議を行った。

秀吉は軍を二手に分け、一方は秀吉が十万の軍を率い肥後方面を、弟秀長は十五万の軍を率い日向方面に進んだ。

行長は対馬の宗義智、平戸の松浦隆信、五島の五島純玄、島原の有馬晴信、大村の大村純忠を豊臣側に帰参させる事に成功し、無血で肥前を占領した。

後年、朝鮮出兵で勇名を轟かす、行長率いる第一軍団の勇者達である。

秀吉軍は四月一日、秋月種実が本拠とする豊前の岩石城を一日で攻め落とした。四月三日、秋月種実は降伏した。秋月種実の降伏後、島津方の将は次々と秀吉に降伏した。

秀吉軍は四月十六日には肥後隈本（熊本市）十七日には肥後宇土、十九日には肥後八代に到着した。

長崎ではコエリョやフロイスはこの機会に秀吉に面接しようと行長の水軍に便乗して八代に向かった。秀吉の対面は八代で行なわれた。行長の斡旋《あっせん》が大いに働いたのである。

その後秀吉軍は肥後から薩摩に進軍した。

日向方面では四月十七日、根白坂で島津義久、義弘、家久率いる二万の軍は秀長軍を強襲したが、藤堂高虎、黒田官兵衛、小早川隆景が加勢し激しい戦闘となった。島津軍は根白坂を突破できず大敗し、義久、義弘、家久は敗走した。

四月二十四日、秀吉軍の先鋒は薩摩川内に到着した。四月二十八日、小西行長、脇坂安治、九鬼嘉隆、加藤嘉明ら水軍が桂忠詮の立て籠る平佐城（薩摩川内市）を攻撃し、翌日に開城している。これが島津軍の最後の戦となった。

五月三日、秀吉は川内の泰平寺（薩摩川内市）に本陣を置いた。

五月八日、島津義久は剃髪し、泰平寺で秀吉に降伏した。

九州の強豪、島津氏をわずか二ヵ月で破った秀吉の圧勝だった。

五月二十三日、豊後津久見で大友宗麟は死去した。

五月十八日、秀吉は泰平寺を出発して帰路につき、六月七日筑前に凱旋、筥崎宮に本営を置いた。

秀吉は九州国分けを行った。

島津義久は薩摩一国、義弘は大隅を与えられた。日向は伊東祐兵ら四人の小大名に分配された。豊前は黒田官兵衛、筑前と筑後は小早川隆景、肥後は佐々成政に与えられた。豊後は大友宗麟の子、義統、肥前は龍造寺政家、有馬晴信、大村純忠、松浦鎮信などの大名は所領が安堵された。

行長は松浦氏、有馬氏、大村氏、宗氏の監督権が与えられ、九州沿岸、海上の統括権を握っていた。

行長は秀吉から松浦氏に対する命令伝達、交渉役を命じられた。

松浦氏の平戸はポルトガルや中国の南蛮貿易で栄え、西の京と呼ばれた。

堺、室津を基盤に持つ瀬戸内海の覇者、行長は肥前の一大海上勢力である松浦氏と連携し、九州―瀬戸内海―堺、室津を結ぶ海上輸送ルートを掌握した。

秀吉は博多復興の為、行長、石田三成、長束正家、山崎片家、滝川雄利の五人を博多町割奉行に命じ、博多の豪商島井宗室、神屋宗湛らが協力した。

博多は室町時代、日明貿易が盛んに行なわれ、国際貿易港として繁栄していた。

しかし戦国時代、龍造寺氏と大友氏による戦乱、そして島津氏に焼き払われることもあり、往時の繁栄はみる影もなく荒廃していた。

秀吉が博多の復興を考えたのは、将来の大陸との貿易や、朝鮮出兵の為の兵站基地化の構想があった。

博多の町は東西南北一キロ四方に作られ、その縦横に小路を割りつけ、縦の道幅をやや広く、横の道幅をやや狭くする。

博多の町の周囲には、幅三十六メートルの防備用の濠が掘られた。

彼らによって行なわれた町割は今日の博多の原点となった。行長ら町割奉行、その後をついだ小早川隆景により復興は急速に進み、天正十五年（一五八七年）末に完成した。博多はかつての繁栄を取り戻したのである。

行長は神屋宗湛、島井宗室ら博多商人と交流を深め、博多で神屋宗湛の茶会に出席している。

六月十九日、世間を驚かす事件がおこった。

大村領の長崎、茂木が教会（ポルトガル）領になっており、領内の神社仏閣を破壊し、さらには日本人が奴隷とされ、海外に売られていくという事実を知った秀吉は激怒した。

秀吉は「禁教令」を出し、キリスト教の禁令と宣教使の追放を宣言した。

秀吉は高山右近に棄教を迫った。右近は棄教を断り、明石六万石の領地を返上した。

高山右近は博多沖の玄海島に身を隠した。

そして行長の手配した船で淡路島へ送られた。

九州では教会はことごとく破壊された。教会領の長崎、茂木は没収されて、秀吉の直轄領となった。コエリョ、フロイスら宣教使は平戸の度島に逃れ、全国の宣教師達へ参集を呼びかけた。

畿内でも、大坂、京都のすべての教会、そして京都の南蛮寺も破壊された。オルガンチーノ、ロレンソ、セスペデス、ドミニカ達宣教師は畿内を去り、室津に逃れた。行長はオルガンチーノ達、そして高山右近と家族を小豆島に送り匿《かくま》った。

しかし行長が高山右近を匿っている事は秀吉の耳に入った。行長は秀吉の詰問を受けた。行長は堂々と答えて、右近を弁護し、右近のような忠誠の士を成敗した愚を非難した。そして神デウスに忠信なる者こそ、真の忠誠者であり、武将であると右近を弁護した。行長は死を覚悟して秀吉に諫言《かんげん》（目上の人の過失などを指摘して忠告すること）した。そして行長だけではなく、隆佐、如清、日比屋了珪も殉教（自らの信仰の為に命を失ったとみなされる死のこと。この場合は棄教を強制され、それに応じないで死を選ぶ）を覚悟した。

行長の命をかけた諫言《かんげん》を聞き、秀吉の感情もいつしか和《やわ》らいでいった。右近を心配する心も次第に起こり、時々、右近の身を案ずる言葉を言う様になった。右近以外の行長、黒田、蒲生達キリシタン大名や小西一族は許された。秀吉も行長を死なすわけにはいかなかったし、有能な人材を失いたくはなかったのである。

教会への迫害も収まり、追放令以後も宣教師達は制限付きではあるが、活動する事ができた。秀吉は黙認する形をとったのである。

行長は奴隷貿易によりマカオ等に転売された日本人の救済にも努めている。

コエリョは島原に赴き、有馬晴信に対してキリシタン大名を結集して、秀吉に攻撃するよう要請した。そしてコエリョ自身も資金と武器弾薬を提供する事を約束し、その準備にとりかかるが、有馬晴信と行長はコエリョを嫌悪していることを公言し、コエリョの計画を阻止した。

行長はイエズス会との関係を維持していく一方、秀吉の家臣としてイエズス会の行動を監督する役割を果たしていた。

大友宗麟が亡くなり、高山右近が追放された今、行長はキリシタンの最大の庇護者の地位につくことになる。

九州平定が一段落した七月、肥後で国人達が一揆を起こした。

佐々成政は肥後で強制的な検地、刀狩りが行われたが、菊池郡の領主、隈部親永が反対して一揆をおこしたのである。領内の国人衆も立ち上がり、肥後全土で一揆が広がり、肥前にも波及した。佐々成政の手に負えなくなり、成政は秀吉に援軍を要請した。

秀吉は小早川隆景、黒田官兵衛、毛利輝元、毛利吉成、豊臣秀長、秀次、宇喜多秀家、行長を肥後に出陣を命じ、一揆軍と戦った。同年十二月、一揆軍は鎮圧された。

同じ時期、肥前諫早《いさはや》でも一揆が勃発した。

行長は艦隊を率いて当地方に入った。

有馬晴信は西郷信尚の反乱に味方し、龍造寺領に攻め込み神代の城を奪った。

秀吉は激怒し、晴信を殺し領地を召しあげるよう命じた。行長は晴信を説得し、晴信は神代の城を龍造寺氏に返した。晴信と秀吉の間に戦端が開かれる危機は免れ、晴信と行長は大いなる友人同士となった。秀吉に対して晴信の事は全て好意的にとりなす為の書状を書く役目は行長が引き受け、秀吉が満足する様取り計らった。行長の交渉で肥前は流血の惨事から救われたのである。

天正十六年（一五八八）年正月、秀吉は肥後に九人の上使衆と二万の軍勢を派遣した。

上使衆は浅野長政、加藤清正、福島正則、小西行長、黒田官兵衛、毛利吉成、戸田勝隆、蜂須賀家政、生駒親正である。

上使衆は肥後に赴任すると検地に着手した。

行長は加藤清正、福島正則と共に宇土郡、八代郡、葦北《あしきた》郡、天草郡を担当した。

同じ頃、鞆（広島県福山市鞆の浦）で幕府を開いていた足利義昭は秀吉と和睦して京都に帰った。義昭に仕えていた内藤如安は義昭のもとを辞した。小西隆佐は同じ一族である如安に、

「行長の重臣となってほしい。」

と頼まれた。如安は行長の参謀になったのであった。

五月十四日、佐々成政は秀吉から失政の責任を問われ、尼崎で切腹させられた。

成政の遺領、肥後を誰に任せるか。

肥後は九州の要というべき地である。生産性が高く豊かではあるが、統治しにくい国である。すでに佐々成政は失敗している。島津氏、鍋島氏、立花氏等、九州の強豪大名を抑え、朝鮮出兵で先鋒を起用できる、秀吉が信用できる直臣で文武兼備の武将。

秀吉は二人の武将を選んだ。

一人は加藤清正、もう一人は小西行長だった。清正は隈本を中心とした肥後の北半分、二十七万石、行長は宇土を中心とした肥後の南半分、二十四万石を与えられた。

加藤清正、行長のライバルになる武将である。清正の母が秀吉の母の従姉妹であったことから秀吉に小姓として仕えた。冠山城を攻めた時は一番乗りを果たし、冠山城の武将の中でも豪の者と名高い竹井将監を討ち取っている。山崎の合戦にも参戦し、賤ヶ岳の合戦では一番槍を振るい、柴田方の戸波隼人を討ち取る武功を挙げ、「賤ヶ岳の七本槍」の一人として秀吉から三千石の所領を与えられた。その後、小牧、長久手の合戦、九州攻めにも参戦した。

行長が海戦の猛将であるのに対し、清正は陸戦の猛将だった。行長と清正は肥後を共同で統治する事になる。この時は両者の間柄は円満で、仲の良い親友同士だった。

行長の舞台は瀬戸内海から九州に移った。

行長が肥後に移った後、室津と小豆島の管理は隆佐が引き継いだ。

六月二十八日、行長は宇土城に入城した。

入城後、行長は領内の四ヵ所の支城に城代を置いた。

隈荘城　小西主殿助（行長の弟）

木山城　伊藤与作衛門

矢部城　結城弥平次　太田市兵衛

麦島城　小西美作行重（木戸作右衛門）

慶長四年（一五九九年）の一年間、行長は水俣を所領し、水俣城代になっている。高山右近も行長の計らいで宇土に呼び、湯島（大矢野島と島原の間にある島）に匿った。その後、秀吉の了解を得た上で加賀（石川県）の前田利家の客将として迎えられた。

現在の熊本県宇土市は人口三万人の小都市である。しかし、当時は行長二十四万石の城下町として栄えていた。宇土は八代と共に当時のヨーロッパの日本地図にも書かれていた。行長は宇土に修道院と司祭館を建設し、五人の司祭と七人の修道士を置いた。さらに各地で教会を建てて、布教に努めた。

後にキリシタンの人数が最も多かった徳川時代初期に全国で三十万人と言われていた。その中で行長が統治していた肥後でキリシタンの人数は八万人にのぼったという。全国で約三分の一のキリシタンが肥後にいたのである。

領内に水道をひき、学校や病院を作り、ハンセン病患者の為の施療院を建設した。学校は富裕層や庶民の子供達だけではなく、貧しい子供達でも通わせる様にした為、領内の教育水準は高かった。行長は教育にも投資したのである。

「知識に投資することは、つねに最大の利益をもたらす」とはベンジャミン・フランクリンの名言だが、教育を施せば、そこで得た知識やスキルによって将来の所得増、失業減が見込まれる。その結果、社会全体でかけた費用に対する便益（領民全体が恩恵を受ける）が二・四倍になるとの試算がある。

孤児の為に孤児院を建設し、行長は毎年米百石を寄付している。堺にも孤児院を建設した。

堺や大坂でもハンセン病患者の為の施療院を五ヵ所建設し、最大千六百人を収容したという。

行長は南蛮貿易を行った。南蛮船による一回の貿易で莫大な富が入った。当時の日本とポルトガル貿易の取引額は、一五七〇年代から一六三〇年代までに二九〇万～四四〇万クルサド（二百万石から四百万石くらいに相当する）に達しており、これは後の徳川政権の一年分の年貢収入に匹敵するほどの額である。

そして鉄砲の弾丸に使われる鉛や弾薬の原料となる硝石などは、当時の日本では生産できなかった。南蛮貿易を介さなければ、鉄砲の弾薬、火薬の原料は手に入らなかった。行長は南蛮貿易により巨大な富を得ると同時に鉄砲に関する軍需物資を大量に輸入し、強力な軍事力を手に入れたのである。

宗教では宗教の自由を認め、キリスト教以外の宗教にも寛容な政策をとり、政教分離（政治と宗教の区別とその正常な関係）を行った。

そして領内で土地改良作業、新田開発を行った。

年貢率も安くした為、領民は潤い、人口が増え、領内が発展すれば税収も増えた。その税収は領民に還元され、福祉事業に使われた。

領内で罪を犯した者は、すぐには殺さず行長が命じた三人の役人が調べさせた上で殺してはならないと定め、行長と親しい領主にも同じ規則を設けることを勧めた。現在で例えると裁判制度である。

行長の治世は領民達に喜ばれ、評判が良かった。

後年、堺の商人達は行長を、

「行長は肥後三十万石の大名になったが、銀子一貫目も貯まらなかった。」

と批判された。

しかし、見方を変えれば金儲けや、自分の私欲を満たす為に大名になったのではなく、弱者を助ける為の福祉事業に財産を使ったのである。

行長は内藤如安、小西主殿介、荒塚中右衛門の三家老を置き、佐々氏の遺臣、高山氏や名和氏（旧宇土城城主）の家臣、国衆の被官や浪人達を召し抱え家臣団を構成した。

行長は寄せ集めの家臣団を掌中に収め、朝鮮出兵では敵を戦慄させた強力な軍団を作りあげた。

天正十七年（一五八九年）の春、行長は宇土城築城に際して天草五人衆（志岐麟泉、天草種元、上津浦種基、栖本親高、大矢野種基）に対して課役を命じたが、天草五人衆は拒否した。

行長は秀吉から天草五人衆を統帥する権利を与えられたが、天草五人衆は反発した。豊臣政権の配下に入る事を嫌い、独立している領主の地位を維持したかったのである。

行長は天草五人衆に領主権を認め、志岐氏にも志岐城支配を認めると申し出て、天正十七年（一五八九年）九月、小西弥三兵衛と伊地知文太夫を使者として志岐城に向かった。

伊地知文太夫が軍勢三百人を率い、志岐城二の丸まで入った時、支岐勢は城門を閉じ、伊地知勢をその中に閉じ込め総攻撃を加えた。

　これは小西軍を騙し討ちにしたものだった。

　伊地知は小高い地に陣を敷き、志岐軍と戦い、一時は敵を後退させた。しかし、志岐軍は援軍の加勢で反撃。前日から翌朝まで激戦した。伊地知文太夫は戦死。全軍は討ち取られた。小西弥三兵衛は城外に逃れ、船で沖へ敗走した。他に帰還した者は船頭や水夫だけだった。

　行長は武力討伐に乗り出す事を決意した。

　小西軍は、他に有馬晴信や大村喜前、松浦鎮信、五島純玄、加藤清正の一部隊の軍も加わり八千の大軍を行長が率い、天草へ出陣した。

　行長は弟行景を使者として隈本城（現在の熊本城）に送った。行景は清正に、

「我が殿と加藤殿が共に渡海して肥後を留守にしてしまうのは秀吉様の命令に反するので、加藤殿は渡海せず、肥後を守って下さい。」

と伝えた。

　十月十三日、小西軍は袋の浦（富岡湾）に上陸。富岡城に陣を布いた。

　袋の浦から志岐城までは二キロほどである。

　富岡城から小西軍は出撃し、志岐軍と交戦した。

　小西軍の木戸作右衛門が一番槍を入れた。

　小西主殿介も軍勢を率い、敵を攻撃した。

主殿介の副将、水野六左衛門（後の水野勝成）、阿波鳴門之介は志岐勢の勇士を次々と討ち取った。小西軍の攻撃で志岐軍は総崩れとなり、志岐城に向かって退却した。

小西軍は敵の首を二十一討ち取り、志岐城の町口を破り、城内に突入し敵兵と戦った。城内の多くの敵兵を討ち取り、二の丸まで押し入り、東の谷付近まで攻め込んだ。

志岐城本丸まで目前に迫った。

城主の志岐麟泉は二千の兵でたて籠り、天草種元から木山弾正率いる五百の兵が援軍として加わった。

行長は東の谷付近まで攻め込んだ所で、有馬晴信を停戦交渉の使者にたてた。

麟泉の養子の諸経は有馬晴信の弟である。

晴信は、

「もし降伏して開城すれば、小西行長の責任で志岐一党、及び城兵も無事ですむよう取りはからおう。」

と麟泉に伝えた。

麟泉も行長の説得に応じ、和睦を進めようとしていた。首尾よくいけば、天草合戦はここで終わるはずだった。

ところが、加藤清正が行景の制止を振り切り、一万の軍勢を率い志岐城に攻め込んだ。

あわてたのは行長である。あと一歩で戦が終わるはずが、清正がぶち壊したのである。

清正は志岐城外の仏木坂に布陣していた木山弾正と一騎打ちを行い、死闘の末、清正は木山弾正を討ち取った。

木山弾正の戦死の報で志岐軍は浮き足立ち、加藤軍が総攻撃を開始、一気に崩れ始め敗退した。志岐軍の戦死者は四百六十三人、加藤軍の戦死者は三百六十六人という。

十一月十日、志岐麟泉は降伏し、城と兵を行長に引き渡して薩摩に落ちのび、志岐諸経は有馬晴信のもとに帰った。

天草の戦線は拡大した。

十一月二十日、小西行長、加藤清正、有馬晴信、大村喜前、松浦鎮信、五島純玄の連合軍が本渡城を包囲した。

本渡城には、城主、天草種元が千三百人の城兵と共に守っていた。

清正は本丸を包囲し、行長は教会と司祭館のある城の一部を包囲した。

行長は天草種元に使者を送り投降を勧告した。種元は最初は拒否していたが、やがて投降に応じ、講和がまとまりかけようとしていた。

その矢先の十一月二十五日、加藤清正は攻撃を命じた。加藤軍は城内に突入し、教会の中まで銃弾がうちこまれた。

行長は使者を立てて、清正に攻撃をやめる様伝えたが、清正は聞かなかった。

加藤軍は二の丸から本丸へ突入し、多くの城兵が殺された。小西軍も東の堀より本丸を攻め、抵抗する城兵を討ち取る一方、城中の司祭、修道士を救出し、城中の男女、子供達千人余を救い出した。

城内に残った三百人は全員髪を断ち切り、大刀や槍などの武器を持ち、冑を被り、ロザリオや聖遺物を首にかけ、化粧をし、イエズスの御名を唱えながら戦場に突入した美しい戦士達。

それは男ではなく女だった。

彼女達の先頭に立って指揮を取ったのは、木山弾正の妻、お京の方であった。彼女達は加藤軍に多大な損害を与えた。堀は敵兵の死体で埋まり、一時は加藤軍を撃退した。

お京の方は馬にまたがって清正に斬りかかった。しかし、お京の方の兜が梅の枝にひっかかり、脱げてしまった。その隙《すき》を見逃さず、加藤軍の兵士達に斬り殺された。

お京の方は、

「この梅の枝さえなければ。この梅は、花は咲いても実はならぬぞ。」

とつぶやき、絶命した。

お京の方が討ち取られると、加藤軍も猛反撃に転じ、彼女達を次々と斬り殺していった。

三百人いた彼女達の内、生存者は二人だけで、しかも重傷であった。

天草種元は妻子を刺し殺し、自害した。城兵のほとんどが戦死し、本渡城は落城した。

加藤軍も多くの戦死者を出し、全軍の五分の一にあたる二千人近い兵士達が戦死した。

壊滅的打撃をうけた軍を立て直す為、加藤清正は軍をまとめ、肥後に引き揚げていった。

行長は軍を率い河内浦城に向かった。そして城主、天草久種に降伏を勧告した。

小西軍にかなわないと悟った天草久種は行長に降伏した。

天草久種の降伏後、栖本親高、上津浦種矢、大矢野種基も相ついで行長に降伏した。天草合戦が終わると、天草諸島四万石は行長の直轄領となり、志岐代官に日比屋了珪を命じ、天草統治を担当させた。

栖本氏、上津浦氏、大矢野氏は行長の家臣となった。天草久種は天草一揆の責任をとらされて追放されたが、後に行長に許され、没収していた河内浦城と本渡の領地を返還され、本渡の代官に任じられた。

天草久種、栖本氏、上津浦氏、大矢野氏は行長の忠実な家臣となり、関ヶ原合戦後、小西家滅亡まで仕える事になる。

行長の寛大な政策により、統治するのが難しい天草諸島を治めることに成功した。天草水軍は小西水軍に編入され、小西水軍は強化された。

行長の所有は二十四万石だったが、豊臣家直轄地と天草諸島の代官を兼ね、新田開発の成功により、三十万石の領土を持っていた。

それだけではなく秀吉から五島、平戸の海賊商人の取り締まりを命じられ、九州西海岸の海上権を掌握した。行長は肥後だけではなく九州においても勢力を拡大したのである。

ちなみに五奉行筆頭である石田三成は、佐和山城二十一万石である。行長の禄高は三成より高い。この時代は、禄高すなわち序列であった。豊臣家は三成を始め俊才がきら星のごとくいたが、そのなかでも行長の才能は群を抜いていたのである。

秀吉は隆佐を長崎に派遣した。目的はポルトガル商人からの生糸の買い占めである。秀吉の強引な取引にポルトガル商人には不満が生じたが、隆佐は司祭達を動かし、生糸の買い占めに成功した。ポルトガル商人達も利益を得、満足な結果に終わった。

行長が天草諸島を統治すると、教会が島内に三十五建設され、河内浦と本渡に司祭館が設立された。六十人の神父達が布教に勤め、天草全島の人口、約三万人の内、二万三千人が洗礼を受け、キリシタンとなった。

教会付設の児童学校では、子供達が読み書き、算術、作法、唱歌、宗教等を学んだ。

志岐にイエズス会の美術学校、河内浦に天草コレジヨ（大学）が設立され、日本各地から有能な若者達が両校で学んだ。

イエズス会の美術学校ではイタリア人のジョバンニ・ニコラオの指導で聖画や宗教画、聖像の製作、賛美歌合奏用のオルガンや時計等の製作が行なわれていた。

天草コレジヨでは遣欧少年使節の四人の少年達（千々石ミゲル、原マルチノ、中浦ジュリアン、伊東マンショ）がヨーロッパから持ち帰ったグーテンベルク式印刷機が運ばれた。

キリシタンの日本人印刷従事者は、短期間で印刷技術を覚え、日本語のかな交じり文を活字に鋳造することに成功した。

「平家物語」「イソップ物語」「ラテン文芸」など、日本で初めての活字印刷による本が三十種類出版された。後に「天草本」と呼ばれた。

当時、ヨーロッパでは出版部数が三百から五百部といわれていた中で、天草コレジヨでは千五百部以上が印刷されていた。世界で最大規模で最先端の技術をもつ出版事業が天草で行われていた。

行長は天草コレジヨの建設を援助し、天草の教会に米二千石を寄進した。

天草はキリシタンの全盛期を迎えていたのである。

天正十七年（一五八九年）、行長の宇土城の普請は開始され、三年後に完成された。

敷地は東西に六百メートル、南北に九百メートルに及ぶ広大な城で、本丸には壮麗な三層の天守閣が建てられた。肥後では新式築城法の先駆であり、熊本城築城に先立つこと十二年前であった。城内には教会が建てられ、城門は五ヵ所作られた。

本丸を中心に南側に二の丸、三の丸が位置し、三の丸には、小西行景をはじめとする重臣の屋敷構えがあった。塩田（現在の宇土小付近）や馬場（西岡神社付近）などに百軒以上の武家屋敷を構え、四本の幹線道路を通し、その二本が現在の本町通りであり、新町通りという。

宇土城下の都市計画は規格性が高く、今日の宇土市街の基礎を作った。

宇土城は城、武家屋敷、城下町が幅三十〜四十メートルの大規模な水堀と運河によって防御する「惣構」を形成し、外郭の防衛拠点に石ノ瀬城が築かれた。

そして有明海に通じる縁川を改修して船場川を掘り、船場川一帯を整備した。船場では各地から船や商人達の往来が増え、商業や物流の要として発展していった。塩田のひょうたん渕に潮入をつくって城内までの運河を通し、本丸付近まで船が入ることができた。

同時期に行長は家臣、木戸作右衛門（小西美作行重）に命じ、八代に麦島城を築城させた。

当時の八代は、古麓を中心とした城下町、宮地を中心とした門前町、徳淵を中心とした港町があり、徳淵は国内各地、琉球や明と貿易が行なわれ、その繁栄ぶりはヨーロッパにも伝えられた。

行長は八代を「第二の堺」と構想した。

八代港は当時から日本国内有数の貿易港として機能しており、行長は八代港を中心とした水上輸送による領内の発展を目指していた。年貢等の搾取《さくしゅ》ではなく、流通による経済活動が認識されるのは江戸時代末期に入ってから。

当時の人々に行長の先見の明には及ぶはずもなかった。

麦島城は球磨川北側に築かれた。その規模は東西四百メートル、南北三百五十メートルで本丸西側の堀は五十メートルもあり、大型船が出入りする事ができた。本丸、二の丸、三の丸の郭があり、城壁の上には単層、二層、三層の城櫓が並び建っていた。城門は六ヵ所あり、城門付近には多門櫓を配置した。三層の天守閣が東西二十七メートル、南北二十九メートル、高さ九メートルの天守台の上に建てられた。

作右衛門の一族と主な家臣は城内にすみ、城の周辺一帯に与力の住宅が配置された。

城下町と港を建設し、商人や職人を城下町に集めた。貿易船も港に集まり、城下町は繁栄した。

麦島城の北側には豊臣秀吉の直轄港の徳淵之津があり、南側には球磨川、西側には八代海があり、自然の外堀となった。

そして天草諸島を経て長崎、朝鮮半島へ連なった。

麦島城は宇土城と並び、肥後の近世的城郭の始まりであり、大坂城を小規模にした見事な城だった。

行長は東南アジア、ヨーロッパ、明、朝鮮、琉球等の貿易を視野に入れ、八代を海外との直接貿易港及び水軍指揮の拠点とした。

麦島城は単なる行長の支城だけではなく、豊臣政権下における重要な城として機能していた。

もし行長が関ヶ原の合戦に勝っていたら、宇土は熊本市の城下町、長崎市の異国情緒のある町、博多市の商業都市の特色を持ち、九州だけではなく、全国でも有数の大都市になっていたに違いない。

行長は肥後半国の統治に成功するのと同時に九州諸大名を統率、及び秀吉と九州諸大名を結ぶ「取次」という重要な任務を果たした。人望がなければ出来ない役である。

行長は宇土の城主であったが、一方では秀吉の側近として大坂で仕えていた。宇土の城主であった一五八八年から一六〇〇年までの十二年間、行長が宇土に滞在したのは一年半ほどであった。

天正十六年（一五八八年）五月二十七日、秀吉の側室、茶々が鶴松を生んだ。秀吉は鶴松を後継者に指名した。

秀吉は宗義智に朝鮮国王の入朝（服属）を求め、朝鮮との交渉を命じた。しかし、交渉は進まず、天正十七年（一五八九年）三月、秀吉は宗義智に朝鮮と交渉が遅れている事を責め、朝鮮国王が入朝しなかったら、小西行長、加藤清正両人に九州の軍勢を率い朝鮮に攻め込むので、義智に朝鮮に赴き、国王の入朝を実現させる様、厳命した。

この年、宗氏の取次である行長は娘マリアを宗義智に嫁がせ、宗氏との関係を強めている。

行長と義智は一案を考えた。秀吉の天下統一を朝鮮に報告する名目で「日本国王使」を朝鮮に送り、答礼の通信使（特命派遣大使）を派遣するよう要請し、それを朝鮮国王の入朝の使者と秀吉に説明する。通信使には日本の様子を見せて危機を悟らせ、日本との戦争を避けさせるという狙いもあった。

六月、博多聖福寺の僧、玄蘇を正使、宗義智を副使とする「日本国王使」が朝鮮に渡海した。行長はこの使節団に島井宗室を使者として送っている。

そして義智達「日本国王使」は八月に京城（ソウル）で朝鮮国王と拝謁した。義智達は「朝鮮国王の入朝」という秀吉の要求を通信使派遣要求に替えて朝鮮朝廷と交渉を続けた。

九月、遂に朝鮮朝廷は秀吉の天下統一祝賀のための通信使派遣を決定した。

十月二十三日、北条氏の家臣、猪俣邦憲は真田昌幸の支城、名胡桃城を奪った。秀吉は小田原攻めを決定し、十一月二十四日、宣戦布告状を北条氏政、氏直父子につきつけた。

北条氏は、北条早雲を祖とし、五代百年、関東平野（相模、伊豆、駿河の一部（神奈川県））、武蔵（東京都、埼玉県）、上野（群馬県）、下野（栃木県）、常陸（茨城県）、下総、上総、安房（千葉県）を支配し、二百四十万石を有する関東の覇者であり、東日本で最大の実力者であった。

兵力は五万六千の軍であったが、関東一の堅城、小田原城は上杉謙信や武田信玄を籠城戦で撃退した実績もあった。さらに小田原城と城下町全体を包みこむ土塁、堀を備えた大外郭が完成していた。周囲十キロメートル、深さは九メートルという広大なものであった。秀吉軍がいかに大軍でも、小田原城に籠城すれば上杉、武田同様撃退できるという考えがあった。

天正十八年（一五九〇年）、三月一日、秀吉は二十二万の大軍を率い小田原に出陣した。行長も秀吉の側近として小田原攻めに参陣した。

豊臣軍は北条氏の支城を次々と攻略。相模湾は九鬼水軍らによって海上封鎖された。小田原城は孤立していき、さらに六月二十六日には石垣山城が完成。総石垣で作られた本格的な城だった。その威容を見て、北条方は戦意を喪失する。

北条氏政、氏直父子は降伏し、小田原城は三ヵ月の籠城戦の末に開城された。

七月十一日、氏政と弟の氏照は切腹。氏直は助命され、高野山に追放された。ここに関東の覇者、北条氏は五代百年で滅亡した。

残るは奥州（東北地方）のみである。小田原合戦中、伊達政宗が秀吉に降ってきた。政宗は遅参は許されたが会津（福島県）は没収され、旧領である陸奥（宮城県）は安堵された。小田原合戦に参陣した最上義光、佐竹義重、結城晴朝らは所領を安堵された。

小田原合戦に参陣しなかった大崎義隆、葛西晴信、白川義明、田村宗顕などの所領は没収され、かわって蒲生氏郷、木村吉清らが跡に入った。

奥州は平定され、秀吉は日本を完全に統一したのである。

小田原合戦後、家康は秀吉の命令で北条氏の遺領である関東地方に移封され、旧領である東海、甲信地方は召し上げられた。

八月二十二日、秀吉は駿府城に行長、森吉成を呼んで明への出兵を命じた。

秀長は海外への出兵に反対し、出兵は諸大名を苦しめ、民衆を窮乏させる愚行であると言い、内政の充実を図るのが第一で、外国と戦争をするのは暴挙であると死力を尽くして秀吉に諫言《かんげん》したという。

しかし天正十九年（一五九一年）、一月二十二日、秀長は大和郡山城で亡くなった。

秀長の死は豊臣政権に大打撃を与えた。

秀長が亡くなった一ヵ月後の二月二十三日、千利休は秀吉から切腹を命じられ、上杉景勝の軍兵三千人が取り囲む京都、葭屋《よしや》町の屋敷（京都市上京区）で自害した。

行長は明への出兵には反対であった。国内の統一戦とは訳が違う。日本人は元々、他国民と戦争することでは訓練されていない。明への順路も、航海も、征服しようとする敵方の言語や地理の知識はまったく知らされていない。国際情勢を知りつくしている行長のみが明がどれだけ広く、巨大な国という事を知っていた。

戦をしても、勝ち目はないと見ぬいていたのである。

戦争を回避したい行長は秀吉に、

「経済を国内で発展させ、内需（国内の需要）を拡大させるべきです。戦（仕事）がなくなった兵士（武士）には行政活動に転職させ、広域的な新田開発を、国内で行なう事です。そして、朝鮮や明との貿易です。」

と提案を出した。石田三成、大谷吉継、黒田官兵衛、堺や博多の商人達はこれを支持した。

しかし、一方では加藤清正、鍋島直茂、加藤嘉明、藤堂高虎、福島正則等は開戦を望んでいた。

加藤清正は「二十ヵ国拝領」を望み、鍋島直茂は進んで中国への転封を望んでいた。

明への出兵か、内政の充実か。

秀吉は最悪の選択をしてしまった。明への出兵（唐入り）を翌年春に決行する事を全国に告げた。明へ出兵が決まった時、日本国中が驚き、不安を抱いた。

蒲生氏郷は、

「サルめ、死に場所を間違って狂ったか。」

と嘆いたという。

家康はこの戦争に出兵を命じられた時、黙して一言も発しなかった。

多くの民衆は絶望し、家族や親しい者との談話の際に、これほどの果てしない苦難を冒して外国の地に、同じ死を求めにいくくらいならば、日本で自害する方がましであると漏らしていた。大名や武士達も、見知らぬ異国で戦わねばならぬ不満は大きかった。

しかし、猫の首に鈴をつけることを自ら名乗りでる鼠は一匹も現れはしなかった。

八月五日、豊臣家に不幸が襲った。鶴松が三歳で死んだのである。秀吉は愛児を失った悲しみにくれた。

秀吉は行長、黒田官兵衛、黒田長政、加藤清正に肥前名護屋に大陸出兵の為の本陣築城を命じた。

一方では九月に松浦宗信、有馬晴信達に壱岐勝本、対馬国府の清水山に築城を命じ、前線補給基地を設定した。

十月十日、名護屋城は着工され、縄張りは黒田官兵衛、普請は行長、黒田長政、加藤清正、九州諸大名の手伝い普請といった形で進められた。工事は連日四〜五万人の労力を投じ、八ヵ月後の文禄元年（一五九二年）三月に完成した。総面積十七万平方メートルの広大な敷地に中央最上段に本丸を置き、五層七階の天守閣が築かれた。そして二の丸、三の丸、遊撃丸、東出丸、山里丸、台所丸等の曲輪が置かれた。その規模は大坂城に次ぐものであった。

名護屋城から周囲三キロメートル内に諸大名が城郭づくりの陣屋を構え、その数は百二十ヵ所にもなるという。

城の周囲には城下町が築かれ、大名や家臣、そして商人達二十万人以上の人々が集まり、京の人口をはるかに凌ぐ一大都市が出現した。

朝鮮から黄允吉を正使、金誠一を副使、二百人の朝鮮使節団が京都へ到着した。行長、隆佐、宗義智達が迎え、十一月七日、京都の聚楽第《じゅらくだい》で秀吉と会見した。秀吉は、「朝鮮に明」を進撃する日本軍の道案内を要求した。秀吉の天下統一祝賀を目的にきた金誠一は激怒した。行長は、朝鮮の道を借りて明に入ると金誠一を説得した。しかし金誠一はこれに応じず、交渉は決裂した。

十二月二十八日、秀吉は関白の職を秀次に譲り、自身は太閤と称した。

年が明けて天正二十年（一五九二年、十二月八日に年号が文禄と変わる）一月五日、朝鮮出兵の陣立てが決まり、秀吉は全国諸大名を名護屋に集結させた。行長は秀吉から第一軍団の司令官とし、先鋒として任命された。

行長が並居る強豪をさしおいて、先鋒という大役に起用されたのは、軍事能力に優れ、兵站業務に長じていたからである。秀吉が行長を信用しているのかが分かる。

行長は鍋島直茂と親しく、直茂を行長の軍に入れたかったが、清正に先に取られてしまい実現できなかった。

宇土城で行長は直茂の所用で遣いにきた家臣の成富十右衛門茂安に、

「貴殿の主、直茂殿は、九州無双の勇士だとかねがね承っていたので、拙者とともに戦ってくださるよう、太閤殿下（秀吉）に願いでたのだが、清正殿に先を越され申した。まことに残念なことでござった。」

と話したという。

各武将は九軍団に編制された。一番隊は小西行長、宗義智、松浦鎮信、有馬晴信、大村喜前、五島純玄。行長は九州屈指の大名を率い、先陣として出陣する。軍勢は一万八千七百人。二番隊は加藤清正、鍋島直茂ら二万二千八百人、三番隊は黒田長政、大友義統達一万一千人、四番隊は島津義弘達一万四千人、五番隊は福島正則、長宗我部元親、蜂須賀家政達二万五千人、六番隊は小早川隆景、立花宗茂達一万五千七百人、七番隊は毛利輝元の三万人、八番隊は宇喜多秀家の一万人、九番隊は細川忠興と羽柴秀勝の一万千五百人、番外の諸隊は中川秀政達の一万二千人、総勢十六万人の大軍である。そして陸軍とは別に九鬼嘉隆、藤堂高虎、脇坂安治、加藤嘉明達の九千二百人の軍は水軍として編制され、朝鮮水軍との戦いと軍事物資の海上輸送を担当した。秀吉から軍目付として石田三成、大谷吉継、増田長盛、加藤光泰、前野長康の五奉行の七千二百人。秀吉の旗本から約三万人。名護屋城の後詰めとして徳川家康、前田利家、伊達政宗、上杉景勝達、東国、北陸地方の諸大名の約十万人。総動員数は三十万人をこえた。

当時のアジアで三十万人の兵力を動員できる国はオスマン・トルコ帝国、インドのムガール帝国、そして日本だけであった。

朝鮮渡海の日本軍の人事も決定された。

総大将　宇喜多秀家

総奉行　石田三成　大谷吉継　増田長盛
朝鮮管理役　古田重勝
陸軍奉行　黒田官兵衛　浅野長政
陸軍大将　小西行長　加藤清正
水軍奉行　福原長堯、熊谷直盛、毛利高政、筧一直
水軍大将　九鬼嘉隆、島津貴久、加藤嘉明、藤堂高虎、服坂安治、来島通総、得居通年

二月下旬、秀吉は聚楽第に行長と清正を呼んだ。秀吉は二人に制札と軍書を渡し、清正には「南妙法蓮華経」と記した軍旗を、行長には駿馬「大黒号」を与えた。

部屋を退出後、清正は行長に、

「貴殿の旗はどのようにするおつもりか。」

と聞いた。行長は、

「紙の袋に朱の丸を描いて旗とする。」

と答えた。行長の実家は薬種商で、紙の袋とは、薬種を入れて売る薬袋のことである。

行長の旗印、「日章旗」の誕生であった。

後年、朝鮮の役では、この日章旗を見て、朝鮮軍、明軍は震え上がり、戦う前に退却する事が多かったという。

四月三日、行長率いる一万八千の軍が乗り込む七百余隻の船団が次々と出港した。その日の夕方には壱岐の勝本港にはいった。

四月八日、行長の船団は壱岐から対馬の大浦港に着いた。しかし逆風が吹き荒れた為、出港できなかった。

四月十一日の夜、逆風がやみ、海がしずまった。行長の船団は夜明けを待たず、五十キロメートル先にある釜山浦を目指し出港した。

「緒戦で大勝し、戦局が有利になった所で、和を結ぶ。」

行長の作戦だった。大国、明を相手に勝利を収めるには、これが最善の道であった。

四月十三日、小西軍は早朝の濃霧を利用して牛厳洞から上陸し、釜山城を包囲した。

朝鮮側も日本軍の侵攻に備えて港や各所に石垣を築き防備を固めていた。釜山城は三方を山に囲まれ、海を前にひかえ、天然の要害となっており、国内でも屈指の堅城であった。

城主、鄭撥は宣伝官（兵の進退を号令する官）を勤めた事もある武将で、常に「一剣報国」と銘を刻んだ剣を携え、黒色の鎧を身につつんでいた。別名「黒衣装軍」と呼ばれた猛将だった。

行長は城内に書状を送り、

「仮道入明」（朝鮮に道を借りて明に侵入する）を要求したが、鄭撥は応じなかった。

行長は一斉攻撃の合図を下した。

「文禄の役」の火蓋は切って落とされた。

四月十三日、午前六時に一斉に攻撃に移った。城のまわりには深い濠がつくられ、鉄刺がはりめぐされていたが、日本軍は板を濠にかけてこれを渡り、城に侵入した。鉄砲隊は西門外の高地から、城内を狙って一斉射撃を浴びせた。

鉄砲の有効射程距離は一般的に百メートル。その威力は五十メートルで甲冑や、三センチの板ぐらいなら軽く射ち抜いてしまう威力があった。中には射程六百メートルで柱に当たり十八センチばかりも貫入した弾丸もあったという。

小西軍は鉄砲隊の援護を受けながら城壁を登り切り、城内に攻め込んだ。朝鮮軍の兵士は勇敢な戦士であり、国王への忠誠を重んじる国民であった。朝鮮軍は敵を迎撃し、侵入を防止する為に上から濠へ飛び込んだ。城内では新たに戦闘が展開され、双方共に勇戦した。

小西行長の士、木戸作右衛門、竹内吉兵衛は一番乗りを目指して進撃した。鄭撥は城兵を励まし、弓手を再編制して反撃した。

しかし、数時間の戦闘後、朝鮮軍は矢を使い果たし、鄭撥は被弾して戦死。正午頃、一千人の城兵達のほとんどが戦死し、釜山城はわずか三時間の戦闘で落城した。

釜山城落城後、小西軍は二手に分かれて一方は西平浦、一方は行長が自ら五千の軍を率い多大鎮の砦に向かって進撃した。朝鮮軍の指揮官、尹興信は三千人の守備兵を城壁に配置した。

小西軍は攻城用の塔や梯子を用いて、鉄砲隊の援護の中で城壁に登った。朝鮮軍も矢や投石で反撃した。小西軍が城内に突入すると尹興信は一時退却を行った後、奇襲的に反撃を開始した。小西軍も応戦し次々と防壁を突破し、多大鎮の砦は落城した。尹興信と三千人の守備兵のほとんどが戦死した。

翌十四日、行長は部隊を再編成し、釜山の北東十二キロメートルのところにある東莱城に向かった。

東莱城は山の地形を利用した山城で朝鮮の首都、漢城へ通じる主要道を押さえる重要な位置にあり、朝鮮側の南部拠点であった。

東莱城は東莱府使、宋象賢と二万の兵と共にたてこもった。宋象賢は慶尚道東半部の陸軍司令官、李玨のもとに急使を送り救援を求めた。李玨は三百名の将兵を引きつれて入城した。李玨は大砲の操作は神業に近く、日本軍でも一撃の元に打ち破るだろう、との評判であった。

しかし釜山城がわずか三時間で落城し、日本軍の進撃の報せを聞いた李玨は宋象賢に
「府使（宋象賢）はこの城を守りなさい。兵力を二分し、私は後方に行き、敵が東莱城を包囲したらその背後をつき、挟撃する事にしよう。」

と言い、城北六キロ離れている蘇山駅に陣を布いた。

その日の夕刻、小西軍は東莱城外に布陣した。そして東莱城の城壁の近くに立札を地表に突きたてた。立札には、

「戦うならば相手になろう。戦わないのであれば、黙って我が軍を通過させよ。」

と書かれていた。それを見た宋象賢は立札に、

「戦って死ぬ事は易しいが、道を貸す事は難しい。」

と書き、城壁の下の小西軍に投げ返した。

行長は総攻撃を命じた。

宋象賢は南門の楼上から戦闘を指揮した。

小西軍は四方から梯子を伝って攻め登ったが、朝鮮軍も矢を射ち続け、屋根瓦を城の上から投げ落とすなど、反撃にはすさまじいものがあった。小西軍は背に負う差物の柄を長くのばし、片手で高く掲げて朝鮮軍の矢の狙いを狂わせ、城内に侵入する事に成功した。

東莱城内では行長は先頭を駆け、剛剣を抜いて敵勢を斬り伏せ、倒していった。近くにある者は戦わず逃げだした。行長の勇戦に味方も大いに勇気づけられ、敵に切り込んでいった。

城内では白兵戦が展開された。朝鮮軍も必死に防戦した。しかし鉄砲は朝鮮軍の厚手の防楯板を撃ちぬき、小西軍の大刀や槍等、強力な武器には対抗できなかった。

小西軍の歩兵がふるう刀は四尺（約一・二メートル）の長さで、鋭利はこのうえなく鋭く、歩兵達が刀をうちふるい人馬の区別なく斬り伏せると、朝鮮兵達は対抗するすべもなく退却する。

小西主殿助、木戸作右衛門は手勢を引き連れて攻撃し、九百余を討ち取った。

洪允寛、趙英珪、宋鳳寿、助防将、金希寿、郷吏大宋伯等、幹部はほとんど戦死し、三千人の兵士を殺し、李彦誠以下五百人が捕虜となった。

敗北を覚悟した宋象賢は客館に移り、甲冑の上から官服を着、冠を被って正装し椅子に座った。

やがて行長の兵が客館に突入した。捕虜にしようとして近づいた兵を靴先で蹴り、暴れまわった。やむを得ず兵は、その場で殺した。

東萊城は二時間の戦闘で落城した。

行長は宋象賢の奮戦に敬意を表し、手厚く葬った。

東萊城落城の報を聞いた李玨は救援には向かわず蘇山駅を捨て、蔚山府の北にある兵営城に逃げ帰った。同じく機張、左水営を拠点としていた慶尚左道水軍の司令官、朴泓は小西軍の進撃の前に逃亡した。又、慶尚右道水軍の司令官、元均は小西軍を恐れ、二つの水軍の百隻あまりの軍艦と火砲を海に沈め、自らは側近と四隻の船に乗って、混陽まで退却した。朝鮮軍の兵士や民は、

「日本の軍隊は城を飛び越える。まるで鬼か神か。翼でも持っているのか。」

と驚き恐れ、先を争って逃げだした。

後に小西軍は敵から、

「神兵、神の軍」

と呼ばれた。

相次ぐ要害の陥落、朝鮮水軍は戦う前に自滅し沿岸防衛は完全に崩壊した。

四月十五日、小西軍は無血で機張、左水営の二城を占領した。

朝鮮の誇る名城、釜山城、東萊落城の恐怖の知らせは朝鮮全土を震撼させた。四月十七日、両城の落城の急報は京城に達した。急報を聞いた朝鮮の王、宣祖王は声を震わせながら、

「日本軍の先鋒の将軍の名は何という。」

と聞いた。重臣の一人が答えた。

「小西行長《ソソヘンジャン》」

中央府は非常時の軍事態勢をとって前線の軍司令官を任命した。

李鎰を慶尚道方面軍司令官、申砬を三道都巡辺使（慶尚、忠清、全羅道軍務長官）に任命した。両将とも女真族との戦いで数多くの軍功を挙げており、当代一と評判の猛将軍である。

行長は朝鮮軍と戦う一方、一日でも早く戦争を終結させる為、講和の道を探っていた。東萊城落城後、行長は投降した蔚山郡守の李彦誠に講和の会談を行う用意があることを王朝政府に伝えさせようとした。しかし李彦誠は小西軍の使者となったことで、敵方と通じたと疑われるのを恐れ、自ら逃れて来たと報告していた。行長の意志を伝える事は出来なかったのである。

四月十七日、小西軍は梁山城へ入城した。梁山城城主、朴晋はこの城を捨て鵲院という天険の地で小西軍を阻止しようとした。小西軍は背後の山頂から朝鮮軍に鉄砲で一斉に攻撃した。

一番手は小西軍の八代衆（木戸作右衛門隊）二番手は平戸衆（松浦鎮信隊）。小西隊と松浦隊の鉄砲隊が交代で射撃を浴びせた。李大樹、金孝友は三千の軍を率い反撃するが、応戦するもむなしく、標的になる白布を着た朝鮮軍兵士は次々と狙い撃ちにされ殺された。

多くの死傷者を出して退却する朝鮮軍を小西軍は追撃し、三百人ほどを討ち取った。李大樹、金孝友は戦死した。

杯晋は逃亡し密陽城に帰ると城に籠城する事はなく武器や倉庫を焼き捨て山へ逃げた。

小西軍は翌日、無血で密陽城を占領した。

慶尚道の文武長官、金睟《キムス》は慶尚道を守備する各城の将軍達に命じて大邱に軍兵を集結させ、巡辺使の到着を待っていた。巡辺使の到着後、小西軍を迎え撃とうとしていた。

しかし、召集されたばかりの朝鮮軍は小西軍が密陽城を占領し、迫ってくるという報告を聞き動揺して朝鮮将兵、そして農民達は我先にと山中に逃走し、戦う前に軍は自滅した。

四月十七日、小西軍は大邱城を陥とし、二十三日には仁同城に入り、翌二十四には洛東江を渡って善山を通り尚州東郊外（尚州から八キロ離れている）の長川で陣を張った。

李鎰は兵一千人を率い尚州城の北方の山に陣を布いた。小西軍は尚州城を急襲し陥落。尚州城に火の手があがったので李鎰は軍官に偵察を命じた。軍官は従卒を連れ城内に向かったが、途中の橋下で小西軍の兵士の鉄砲で狙撃され落馬したところを兵士に斬首された。

朝鮮将兵一同が大いに驚き混乱している所へ、小西軍が大挙して現れた。

小西軍は小西行長隊が正面から、松浦鎮信、大村喜前、五島純玄の各隊は左右から、宗義智隊は背後から進撃を開始し、李鎰軍を完全に包囲した。小西軍は鉄砲隊で一斉に射撃をあびせた。李鎰軍は壊滅し、兵曹佐郎李慶流、尚州判官権吉など三百人が戦死した。小西軍の兵士達に追撃された李鎰は林のなかに逃げ込むと馬をすて、鎧《よろい》、軍服を脱ぎすて、

髪を乱し裸同然の姿になって聞慶まで逃げ、朝鮮朝廷に、

「今日の敵は、まるで神兵といったもので、とうてい人間業では対抗できない。臣には死の道だけが残されている。」

と報告を出した。そして忠州へ逃げ、申砬と合流した。

連戦連勝。向かう所敵はなかった。

尚州城を占領した小西軍は四月二十六日、尚州を出発し、聞慶に入った。

行長は村々の住民に布告を出した。

「散民すみやかに家に戻れ。男は田畑で働き、女は蚕を飼って桑をとり、元の生活に戻れ。そして家業を修めよ。もし我が軍の将兵が法律を犯し、住民の生業を妨げる者があれば必ずそれを罰する。」

朝鮮政府は申砬に副将金汝岉、軍官八十人、直属軍千人の軍勢を与え忠州に送った。忠州で李鎰以下の軍、忠清道の兵を召集し、総勢八千人の軍勢を指揮下に入れた。

申砬は当初、国内一の天険、鳥嶺で守るつもりであったが、李鎰が尚州で敗戦した報告が入ると落胆し、忠州で決戦を考えた。

金汝岉は、

「鳥嶺は東南地方第一の天険であり、これを固守して敵を防ぐべきだ。」

と諌め、忠州牧使の李宗張もこれに賛成した。しかし、申砬は、

「敵は歩兵で、我々は騎兵だ。この地形では騎馬を用いるには適しない。広野で迎撃する

べきである。」

と言って忠州へ後退した。

李鎰は、

「今度の敵は、北方の夷《えびす》とは違って手強い。今、天険に頼らずに、広野で戦うのであれば万に一つの勝ち目もない。それより後退して京城を多勢で守った方がよい。」

と直言した。申砬は激怒し、

「汝は敗軍の将だ。軍情を惑わせた罪は本来なら斬死に当たるのを、しばらく許しているのだ。功をたてて、自分の罪をつぐなえ。」

と叱責した。

行長は断崖の頂上にある城壁、姑母山城に近づき、伏兵がいるのではないのかと偵察を繰り返したが、伏兵等には遭遇せず、鳥嶺の他の山城も無人である事が分かった。

四月二十七日午前四時、小西軍は聞慶を出発し、四時間かけて鳥嶺を越えた。正午頃、忠州の南方約四キロの丹月駅に到着した。

四月二十七日の早朝、申砬は八千の軍を率いて忠州城を出て北西四キロの地点の弾琴台に軍を進めた。弾琴台は北方に漢江が流れ、西方には達川を控え、前面には水田が広がり、背後には河岸の断崖絶壁があった。申砬は背水の陣を布いたのである。背水の陣を布けば、兵達には逃げ場がないから戦に敗れても敗走できず、敵と最後まで戦わなければならない。

申砬には勝算があった。

中砬は騎兵戦で女真族の叛乱を撃破し、壊滅した実績があった。そして小西軍が連日の強行軍と数々の激戦を行っているのを知っていた為、道中疲労を重ね無理をしているから勝利は我にありと信じていた。

事実、小西軍の兵士達も疲れきった状態で朝鮮の軍は大軍ではないのかと当惑し、勝利するという気持ちはおこらなかった。

しかし行長は勇敢な指揮官として、説得力のある根拠を挙げ、兵士達を激励し勇気づけながらこう言った。

「退却は卑怯だ。敵に勇気を与えるばかりか逃走を意味する。それは明らかに敗北の兆候である。すでに我らは大きい名誉と威信を賭して朝鮮人から多くの地を奪取しており、国王の都市である都を間もなく獲得しようとしている今になって、これまでに勝ち得たものを全て失うことは許されぬことだ。従来の戦と同様に、勝運は我に与するであろう。」

彼がそのような道理を簡潔に述べ終えると一同はその説得力のある言葉に勇気づけられた。そして行長の勇気のある決断はこの戦を勝利に導いた。

小西軍は中央に小西行長隊の七千、右翼に松浦鎮信隊の三千、左翼に宗義智隊の三千、総勢一万三千の軍は鶴翼の陣を布いた。兵法にかなった万全の攻撃態勢である。有馬晴信隊の二千、大村嘉前隊の一千、五島純玄隊の七百は、忠州城の敵への備えの為、後詰めとして残った。

小西軍は、中央の軍を割いて後退させ、わざと手薄に見せかけた。

そして朝鮮軍の攻撃が始まった。小西軍は鉄砲で応戦するとわずかに後退させた。それを二度、三度くり返した。

申砬は総攻撃を命じた。一番隊の騎兵一千人が突撃した。小西軍は鉄砲隊を後方から前に押し出して一斉に攻撃した。申砬は小西行長の策略にはまった。一番隊が破れると二番隊一千人が突撃した。小西軍は正面から鉄砲を射ち続け、二番隊を撃破した。

申砬は三番隊二千人を突撃し、自ら陣頭で指揮を取った。しかし敵陣を突破できず、強力な鉄砲隊の前に撃破された。さらに小西軍は日本刀や槍で斬り込み白兵戦を始めた。一番槍をあげたのは行長の弟、与七郎であった。与七郎は朝鮮軍の指揮官で最重要人物の一人を生け捕りにした。与七郎は命は助けようと告げたが、その身が放免される事に同意しなかった。指揮官は首を差し出し、切るようにと合図したので、やむを得ず与七郎は首を切った。

勇猛な小西軍の攻撃に朝鮮軍は壊滅した。逃げ場を失った兵士達は次々と漢江に身を投じ、多くの溺死者を出した。申砬も漢江に身を投じて死んだ。背水の陣が、逆に仇となったのである。金汝岉は、

「国難に殉死するのは本望である。ただ国恥をそそがず、壮烈な心が灰になるのは慨歎《がいたん》（なげき、いきどおること）のいたりである。」

と言い、乱戦の中に斬り込み戦死。忠州牧使李宗張、その子の希立も戦死した。

朝鮮軍は三千人が戦死し、数百人が捕虜となった。

小西軍は朝鮮軍を破った後、忠州城へ入城した。

四月二十八日、忠州城に第二軍の加藤清正と鍋島直茂達が現れた。そして京城攻略の軍議が行なわれた。まず清正は、

「拙者と貴殿は一日交代で先鋒を勤める様、命じられている。しかし、貴殿は拙者を出しぬいた。明日からは、一日おきに先鋒を勤め、どちらが猛者であるか、比べようではないか。」

一方的な言いがかりであった。敵前上陸して、敵を前にしたまま、五日後にくる清正の第二軍を待っていたら、朝鮮軍も兵力をととのえ、防備をかためてしまい、釜山城を攻撃する事は不可能だった。戦略家である秀吉が、一日おきに第一軍、第二軍を交代させるなどと、命令するはずはない。秀吉は清正に送った朱印状には次の様に書いている。

「小西の一番乗りを聞いて、焦って天候も顧みずに海を渡ったりしてはいけない。そんなことをしたら、お前の落ち度だぞ。海を渡った後は、あくまで法度を守れ。」

秀吉は清正に、行長の快進撃を聞いて焦った行動を取らない様、厳命している。先鋒を一日交代するという命令はでていなかったのである。

これを聞いた行長は、

「当地における先陣については、日本において秀吉公に定められており、それを勝手に変えるようでは、軍規はあってないようなものだ。断じて承服できぬ。」

と反論した。

清正は京城の地図を見て指をさすと、

「小西殿、この道を攻めたらどうだ。」

清正の指先は薬種路という地名をさしていた。行長は激怒し、刀を抜いた。この場で清正を殺そうとしたのである。

「貴公達はここで私闘をするつもりなのか。恥を外国でさらすのか。」

「太閤殿下が二人を先鋒に命じたのは、それぞれの長所を考えたうえのことである。ここで両虎相討てば、敵の思うつぼではないか。決して無益な争いを起こしてはならない。」

鍋島直茂と松浦鎮信が必死に説得した為、行長は剣をひいた。

忠州から京城へ通じる道は二つあった。

南大門へ行く道は百里（約四百キロメートル）あり、途中で大河（漢江）を渡らなければならない。東大門へ行く道は南大門へ行く道よりやや遠いけれども、途中でけわしい山坂や河川が少ない為、兵は進めやすかった。

行長は清正に二つの道についてくわしく説明した後、先に清正に選ばせた。

清正は、たとえ途中に大河があろうとも近い道を行こうと南大門へ行く道を選んだ。そして両軍は四月二十九日早朝に出発する事も決めた。

しかし清正は朝を待たず、深夜のうちに忠州を出ていた。出しぬいたのは行長ではなく、清正の方であった。

だが、漢江では連日の大雨で水量が増え、加藤軍は漢江を渡る事ができなかった。

行長は尚州の戦いの後、景応舜という日本語の通訳ができる男を捕虜にした。行長は景応舜に和平の手紙を持たせ京城に送った。手紙は宣祖王のもとへ届けられた。そして交渉相手に李徳馨を指名した。李徳馨は宗義智が京城を訪れた時、その接待にあたっていたので面識があった。宣祖王はこれに応じる事を決め、行長と会見する事を決めた。京城攻撃を回避したかったのである。

李徳馨は景応舜を案内にたたせて京城を出発した。南大門の南、漢江をわたった所に清正の軍がいた。李徳馨は清正の軍を行長の軍と思いこみ、景応舜を送った。景応舜は加藤軍の兵士に捕らえられた。和平など一切考えていない清正は景応舜を殺してしまった。李徳馨は景応舜が戻らない為、京城へ帰った。会談は実現せず、京城を救う道はなくなったのである。

四月二十八日、忠州の戦の敗戦、申砬の戦死の非報が朝鮮政府に届いた。名将の相次ぐ敗北、朝鮮軍の主力七千の軍勢が崩壊した報告に宮廷は落胆し、震え上がった。申砬が勝つと信じていたからである。政府は宣祖王が平壌に移る事と明に救援要請を決定した。京城の防衛は李陽元を首都防衛司令官、金命元を全軍司令官に任命し、京城の死守を厳命した。

四月三十日、宣祖王の一行は京城を脱出し、平壌に向かって出発した。これに従う者は百名にも満たなかった。王宮を警備する兵士達も先を争って逃亡した。宣祖王は、

「二百年、士を養ったのだが、この時は一人の忠義の士もいないのか。」

と泣いたという。

宣祖王が京城を去った後、京城で民衆の暴動が起こった。最初に掌隷院（奴隷を管理する役所）、刑曹（警察、裁判所）に放火し、続いて景福宮、昌慶宮、昌徳宮の宮殿に火を放った。火の手はしだいに燃えひろがり、京城は火の海と化した。そして王宮や高官、富豪の邸を襲って財宝を略奪した。

金命元は小西軍の進攻を防ぐべく七千の兵を率い漢江の北岸に布陣した。小西軍は漢江に到着すると、漢江の朝鮮軍に威嚇射撃を開始した。朝鮮軍は小西軍を目前にし戦意を喪失した。兵士達は一戦も戦わず、漢城北方の山中に逃げ出した。金命元は、軍器、火砲を全て漢江に投げ棄て、農民に変装して逃走した。漢江の防衛戦は崩壊し、京城の守備司令官の李元陽も漢江の軍が崩れ去った事を聞くと、部下を率いて撤退して楊州に逃げ去った。

小西行長率いる第一軍団は五月二日の午後十時頃、京城の東大門に到着した。防戦する将兵の姿は見えないが、四方には高い石垣をめぐらし、門の高さは十八メートルもあり、門の脇にある水門は百センチメートル四方の堅固な鉄作りなので、中々入る事ができなかった。木戸作右衛門は、

「やり方があります。」

と鉄砲の台木を外し、銃をてこにして水門を開け、内側から城門を開いた。

行長は、

「抜け駆けをするな。略奪を働くな。酒店に入る事は許さぬぞ。」

と命じて敵兵との戦いに備えつつ、軍規を守って、もの静かに入城したが、そのさまは

まことに見事であった。

日本史史上、異国の首都で一番のりを果たしたのは行長が初めてである。

太閤記では、

「評して言う。こうした場合、多くは城門が開いたのを幸いに、どっと乱入するものだが、小西が適切な指示を行なって、軍規正しく入城したのは流石《さすが》であった。堺の町人、小西如清（隆佐）の子として生まれて、これほど立派に振る舞ったのは、よくよく器量の優れた勇士だったのだろう。永禄年間に一番槍の功名を立てた勇士の数は多いが、この様な時に規律を守って静粛に入城し、異国に佳名をあげたという例はまれな事である。」

と大いに賞賛している。

小西軍は朝鮮に上陸して二十日で首都を占領したのである。釜山から京城までは約五百キロ、一日で平均二十キロで進んだ事になる。まさしく敵から〝神兵〟と呼ばれた神業であった。

五月三日の午前八時頃、加藤清正軍は南大門から京城へ入城した。

行長は京城の外へ出て軍を適切に配置し、四方の門の守備を固めた。そして制令を出し日本軍の目的は明であり、朝鮮は敵ではないこと、庶民は家に帰って家業に励むこと、役人は日本軍に従い官職につくこと、日本兵の乱暴、放火、掠奪は固く禁止する。もし軍律を犯す日本兵がいたら厳重に処罰することなどを出し京城の治安の安定に努めた。やがて付近の山々や村にひそんでいた京城の人々達も京城に帰ってきた。

行長が京城に入城した数日後、日本軍の武将達も続々と京城に入城した。入城してくる武将達は行長に朝鮮での数々の武功を誉め讃えた。宇喜多秀家は、

「まことに比類なき働き。肩を並べうる者は誰一人おるまい。」

と行長の労をねぎらった。

しかし、只一人面白くない男がいた。加藤清正だった。

京城一番のり、そして数々の戦で勝利を収めた実績により、行長は日本軍の主導権を握った。

行長を中心として、諸将達は軍略について会議を行った。行長は朝鮮に八道があるから、日本軍の八軍団を八つの道に分けて進む、「八道国訳」を提案した。宇喜多秀家、毛利輝元、小早川隆景が賛成した。他の諸将達も同意した。

平安道は小西行長、咸鏡道は加藤清正、黄海道は黒田長政、江原道は森吉成、忠清道は福島正則、全羅道は小早川隆景、慶尚道は毛利輝元、京畿道は宇喜多秀家に決定した。五月中旬から、各軍団はそれぞれの方面に進撃を開始し、宇喜多秀家は京城に駐留して、全軍を統括することになった。

京城陥落の報告が、名護屋の秀吉のもとに届いたのは五月十六日である。秀吉は大いに喜んだ。そして、秀吉は行長を絶賛している。

「行長ほどの者は日本に二人といない。信長のときも、わがときも、かかる勇敢なものは見たことがない。」

「汝を朝鮮兵と戦うために先陣として遣わしたところ、いとも迅速に先方の国を占領し、敵兵を包囲し、釜山城を陥落せしめ、その後も他の多くの城塞を破壊し、全土を席巻し平定したと聞く。この成功は予にとって比類なく大きく、予の喜び、これに勝るものはないほどである。よって予に対する忠誠を謝し、汝に光忠の作になる刀剣、ならびに栗毛の馬一頭を送る。」

「行長は文武において天下第一、そして最も忠勇な武士であり、まるで死んだ我が子の生まれ変わりのようだ。行長には朝鮮の半分を与え、明国では五十ヵ国、日本でも多くの領地を与え、彼を予に次ぐ大名としよう。もし、行長を誹謗する者があれば、予はその者を重罪に処罰する。たとえ道理をもって彼の不義をとやかく沙汰しようとも、予は取り合わぬであろう。」

五月十八日、秀吉は大明征服の方針を発表した。二十五条の覚書には、後陽天皇を北京に移し、秀次を明国の関白にする。日本の関白は羽柴秀保か、宇喜多秀家にする。朝鮮は織田信秀（信長の子）か宇喜多秀家に預ける。小早川秀秋は九州に置く。などとした。秀次に来年早々には朝鮮に出陣せよと命じた。

そして秀吉自らも渡海すると言い出したが、徳川家康、前田利家ら側近から諫止《かんし》され、天皇や秀吉の母、大政所からも反対され渡海は延期された。そこで秀吉に代わって石田三成、増田長盛、大谷吉継が軍奉行として朝鮮に派遣された。

宣祖王と一行は五月三日に開城を出て、七日に平壌城に入城した。宣祖王は全国軍司令官、金命元に臨津江を守り、日本軍の進撃を阻止する様に命じた。配下の将には申硈、劉克良《ユークリャン》を副将に任命し、李薲《イービン》、李薦《チョン》、辺璣《ピョンギ》などの諸将も兵約七千人を率い合流した。

京城防衛司令官、李陽元も、敗軍の将、李鎰、申硈等兵五千を率いて金命元の軍に加わった。

宣祖王の元へ韓応寅《ハンウンイン》が兵千人を率いてきた。その兵は女真族との戦で武功をあげた精鋭であった。宣祖王は韓応寅に軍務司令官に任命し、金命元の指揮下に入る様、命じた。朝鮮軍は一万二千人の兵力となり、京城も奪回する勢いであった。

日本軍は五月中旬、各分担に従い京城から出陣した。小西行長軍は五月十一日、京城を出発し、臨津江に向かった。

金命元率いる朝鮮軍は臨津江の北岸に陣を張った。それに対し小西軍は東側に陣を布いた。両軍が対陣した三日後、行長は最前線の部隊を後退させた。小西軍の後退を見た韓応寅は臨津江を渡り、敵を撃破するべきだと金命元に主張した。申硈も同調した。しかし、金命元は反対した。劉克良は、

「日本軍が退いたのは策略かも知れません。追撃は控えるべきです。」

それを聞いた韓応寅は激怒して彼を斬ろうとした。劉克良は、

「私は命が惜しくて言っているのではない。国運を誤っては取り返しのつかない事になる。」

と言い、兵を率いて渡海して対岸に向かった。そして対岸の小西軍を攻撃して退却させた。それを見た朝鮮軍も次々と渡河した。退却する小西軍をさらに朝鮮軍は追撃した。深

追いした朝鮮軍を山蔭に隠れていた伏兵は、その前後を包囲し、銃を撃ちこんだ。混乱した朝鮮軍に刀をふるい突撃した。朝鮮軍は敗走し、江岸に追いつめられた。多くの朝鮮兵が斬り殺され、逃げ場を失った者は臨津江に身を投げ溺死した。劉克良、申砧は戦死し、渡江軍は全滅した。

金命元と韓応寅は対岸から小西軍の勇戦を見て顔色を失い、援軍を送れなかった。朴忠侃が逃走した。兵士達は金命元と見誤り、「元帥が逃げた。」と叫び、敗走した。渡海軍を敗った小西軍は渡河をはじめ、上陸してきた。臨津江の北にいた金命元率いる本隊は上陸してくる小西軍を見ると戦意を失い、総崩れになり平壌に逃走した。

臨津江を渡った小西軍は北進し、二十七キロ北にある開城を陥落し、入城した。

開城は高麗王朝の首都であり、交通の要衝であった。

小西軍は開城を出発し、黄海道の瑞興、鳳山、黄州、中和を経て、六月八日、大同江の畔の裁松院に到着した。平壌城は目前に迫った。

平壌城は周囲が約七・二キロメートル、高さが約四メートルの石積みの城壁で六つの門があり、都市や街を城壁で取り囲み、外部から防衛していた。北側には険しい山の尾根と切り立った崖でなされた牡丹峰がそびえてあり、東、西、南側の三面には大同江と普通江で自然的な堀をなしているので容易に陥落させることができない。朝鮮国内だけではなく、世界でも屈指の難攻不落の要塞であった。

宣祖王は副首相、尹斗寿《ユドウス》を平壌防衛司令官に任命した。敗軍の将、金命元、韓応寅、李鎰達が兵六千人を連れて平壌城に入城した。

宣祖王はこれらの武将を尹斗寿の下に従えさせた。兵力は一万人を超え、城門を固めた。行長は柳川調信、僧玄蘇を和平交渉に派遣した。朝鮮側は外務次官、李徳馨を派遣した。両軍が見守る中、大同江上で会談した。

日本側は、

「朝鮮と戦うつもりはなく、日本軍が征明に向かう道を空けてほしい。」

と交渉した。それに対し李徳馨は、

「日本がもし、明を攻めるのであれば、なぜ直接浙江《チョオジイアン》（国の長江付近）へ向かわないのか。我が国に来たのは、我が国を滅ぼそうとしているからである。明は朝鮮にとって父母の国にあたる。死んでも従うことは出来ない。」

と反論した。日本軍は直接明に攻める事が出来ない事情があった。当時の日本水軍の軍船は遠洋航法が出来なかったのである。

交渉は決裂し、行長は平壌城攻撃を決意した。しかし、大同江は流れがはやく、渡河できなかった。

交渉決裂後、宣祖王とその一行は平壌を離れ、鴨緑江岸の義州へ向かった。六月十三日には黒田長政軍が大同江畔に到着した。

六月十四日、金命元は高彦伯、柳璟令に精兵四百人を与え、夜襲を命じた。奇襲隊は大同江を渡り、宗義智の陣営を急襲した。不意を突かれた宗隊は混乱し、中村平次、平山将監、阿比留平右衛門以下、多くの戦死者が出た。宗義智自らも抜刀し、敵兵数人を討ち取った。奇襲隊も李宣と任旭景が戦死した。

急を聞いた行長や黒田長政の軍勢が救援に駆けつけ、奇襲隊の背後を襲った。黒田長政は矢傷を受けながらも敵兵を数人討ち取った。黒田次郎兵衛、後藤又兵衛も勇戦するが、次郎兵衛は矢で射たれ戦死した。挟撃された奇襲隊は壊滅し、退却を始めた。奇襲隊を収容する船は日本軍に恐れをなし、助けにこなかった。生き残った兵は王城灘の浅瀬を渡って城内に逃げ込んだ。

六月十五日の夜、尹斗寿、金命元達は平壌城防衛が困難であると判断し、城内の住民をすべて脱出させた。そして武器、弾薬を風月楼の池に沈め、全軍を順安へ撤退させた。

行長は難攻不落の城の死角をついた。行長は総攻撃を命じた。小西、黒田軍は王城灘の浅瀬を渡り、城内に突入した。そして平壌城を無血で占領し、城内に残された十数万石の米を手に入れた。黒田長政は黄海道へ戻っていった。小西軍は京城、開城、平壌の朝鮮の三大都市をわずか三ヵ月のうちに占領したのである。まさしく電撃戦という勝利であった。

行長は平安道を平定した事により百七十九万石の領土を手に入れた。国内の領土とあわせ二百万石の大大名となったのである。

文禄の役の前半戦は行長の独壇場であった。

行長は平壌城に入城すると内外に堀を設け城の諸門にも陣所を改築して防備を固めた。

そして平壌城内の高地に牧丹峰、練光亭、密徳、風月楼など日本式の陣所を築城した。

これらの陣所は日本軍の銃撃戦や武器、戦術に合わせて築城しており、敵の反撃に備えた。

小西軍の平壌入城は明の軍事介入を決定させた。もはや対岸の火事ではなくなったのである。明の軍務大臣、石星は朝鮮への救援軍の総大将を祖承訓に決め、五千の兵を率い七月中旬に義州を発ち、安州に着いた。

祖承訓は三千騎の兵で十万の韃靼《だったん》（モンゴル）兵を破った不敗を誇る猛将だった。そして祖承訓率いる五千の兵も女真族と戦い武功をあげた精兵である。

安州では宰相兼任の軍司令官、柳成竜は、

「日本軍は強兵です。決してあなどってはいけません。」

と忠告したが、祖承訓は聞き入れなかった。

明軍は七月十五日、順安を通過し、平壌の北方に着陣した。金命元も三千人の朝鮮軍を率いて従軍した。すでに行長は順安に偵察を派遣し明軍の動きを読んでいた。

七月十六日、明、朝鮮連合軍は平壌城に進撃した。釜山に上陸後、敗北知らずの常勝将軍、小西行長と明の常勝将軍、祖承訓は平壌で激突したのである。小西軍は明軍と応戦した後、平壌城内に誘い込んだ。祖承訓は、

「日本軍は蚊か蟻のようなものだ。」

と豪語し、七生門（平壌城の北門）から城内へ突入した。城内では松浦鎮信、久信父子が明兵に切り込み、足に傷を負いながらも敵兵数人を倒し奮戦した。小野木勝重は兵七百人を率いて明兵に鉄砲で攻撃した。城内は民家が密集していて通路が狭く、曲がりくねっ

ている。そして湿地が多いので明の騎馬隊は進退に難渋し、身動きがとれなくなっている。

そこへ明軍を待ち伏せしていた小西軍は家かげから鉄砲で一斉射撃を浴びせ、総崩れとなった騎馬隊に兵士達は長槍や刀で斬り込み騎馬兵を斬殺した。史儒は射殺され、載朝弁は斬り殺された。祖承訓も負傷し、全軍に退却を命じた。敗走する明軍に小西行長隊、宗義智隊が追撃し、明将千総張国忠、馬世隆等を討った。明軍は二千人が戦死した。祖承訓は小西軍を恐れ、恐怖のあまりその夜の内に嘉山まで敗走した。この地は平壌から八十キロ離れている。さらに国境を越えて遼東まで撤退した。

常勝将軍の決戦は行長の勝利に終わった。

しかし、小西軍も行長の弟、与七郎が戦死した。昨日までりりしく、勇敢だった好青年は無残な姿で行長の元へ帰ってきた。

「こんな戦さえなければ。」

行長は肩を落とした。与七郎の他に行長の従兄弟、小西アントニオ、日比屋了珪の孫、アゴストが戦死した。

金命元は朝鮮軍を再編制し、平安道粛川《スクチョン》に集結していた。七月二十九日、金命元は平壌城の奪回をめざし、一万人の兵を率い平壌城に攻め込んだ。小西軍は城門を開き、城外で反撃した。戦いは午前八時から午後六時まで続き激戦の末、小西軍は朝鮮軍を撃退した。敗れた朝鮮軍は大宝山へ敗走した。

相承訓の敗北、そして明軍の精兵二千人が戦死するという惨敗は明の朝廷を震え上がら

せた。誰もが相承訓が敗れるとは思わなかったのである。明、朝鮮連合軍は行長のあまりにもの強さに、

「風神」

と呼ばれ、恐れられた。

天正二十年六月十五日、九州で内乱がおこった。「梅北の乱」である。梅北国兼は秀吉打倒の兵をあげ、二千人の兵力で加藤清正が治める肥後の佐敷城を急襲した。佐敷城留守居役安田弥右衛門、酒井善左衛門は降伏し、佐敷城は梅北国兼に占拠された。梅北国兼の計画では、九州諸国の諸大名は朝鮮へ渡海して不在である。その不在に乗じて肥後、肥前を抜いて名護屋城の秀吉を討つことであった。

梅北国兼は東郷甚右衛門、田尻但馬、栖本親高に麦島城の攻撃を命じた。東郷甚右衛門は四百七十人を率い、兵船で佐敷から八代へ向かった。陸路では田尻但馬は百人の軍勢を率い松橋へ向かった。栖本親高も五十人の軍勢を率い田尻軍に追従した。麦島城を陸路と海路から挟撃して攻め落とす計画であった。

田尻但馬は松橋に放火し、小川村に侵入した。小西行長の家臣、松浦久次の軍勢は街道の林の陰から田尻軍を襲撃した。田尻軍は敗れ、田尻但馬と二子、荒二郎、花五郎が戦死した。田尻軍は佐敷へ敗走するが、赤松太郎の山路で小西軍に全て討ち取られた。続いて栖本軍が松浦久次の軍勢と戦ったが、松浦久次はこれも撃退した。栖本親高の子、鎮通は討ち取られ、残った兵は敗走した。

六月十七日、東郷甚右衛門は上陸を開始し麦島城に迫った。小西軍は城門を開き、城外で東郷軍と交戦した。小西軍の猛攻の前に東郷軍は敗れ、敗退した。東郷軍の兵船は小西水軍の攻撃により壊滅した。東郷甚右衛門は敗走中、田浦で田浦助四郎に討ち取られ、敗残の兵約四十人は佐敷に向かって敗走した。

梅北国兼は佐敷城留守居役の策略によって酒宴の最中に殺された。梅北の乱はわずか三日で鎮圧された。

緒戦で敗北が続いていた朝鮮軍もやがて反撃に転じてきた。反撃の火蓋を切ったのは水軍司令官、李舜臣であった。李舜臣は板屋船（戦艦）、亀甲船（板屋船の上部にある甲板を外したかわりに鉄板を覆ったもの。前方に竜頭（船頭）をつくり、大砲は竜頭、竜尾、左右に各々六門に設置された）を主力とした艦隊は日本水軍を襲った。

巨済島の玉浦沖で藤堂高虎の水軍を破り、弥勒島の唐浦沖で亀井茲矩の水軍を撃退した。巨済島の栗浦沖では来島村上氏の猛将兄弟、来島通総、通之の水軍にも勝利を収め、来島通総は自刃して果てた。閑山島と安骨浦の海戦では日本水軍の主力である脇坂安治、九鬼嘉隆、加藤嘉明、藤堂高虎の水軍を撃破し、日本水軍は壊滅した。制海権は朝鮮水軍に奪われ、船による兵員、軍糧物資の補給が難しくなった。

陸上では郭再祐が義兵（民間の私的武装集団）を率いて立ち上がった。郭再祐は赤い衣を羽織り、両翼に雉《きじ》の羽根を飾った白金の兜《かぶと》をかぶった。そして白い馬に乗って民兵を指揮した。その姿から「天降紅衣将軍（天から降りてきた紅衣将軍）」と呼ばれた。郭再祐軍は全羅道侵入を狙う安国寺恵瓊の大軍を撃退し、洛東江岸の戦いで羽柴秀勝の軍を破った。

この勝利で霊山、昌寧、玄風の諸城は郭再祐軍の手に落ちた。

郭再祐の活躍に呼応して全国に義兵活動は波及し、連敗が続いた朝鮮官軍も立ち上がった。

毛利輝元が統治している慶尚道では鄭仁弘《ていじんこう》が門下生、村人を集めて決起した。鄭仁弘軍は霊山、玄風間で安国寺軍を迎撃し、道内各地の日本軍のつなぎの城を襲撃した。釜山から京城間の日本軍の補給路は不安定なものとなり、日本軍の戦争の継続は難しいものとなった。毛利輝元の道内統治は停滞し、輝元は、

「朝鮮は日本より広い。この兵力や戦力では明国はおろか、朝鮮の征服も成功はできません。」

と秀吉に書き送っている。

行長は平壌から北上し、明に進撃したかったが、それができず、平壌に留まった。

明に進撃できない理由があった。

攻勢終末点（これ以上、戦線を拡大し延長していけば、補給の面で攻勢を維持できず、そればかりか、逆に敵の反撃によって戦線そのものが崩壊するという限界の地点をさす）という戦術用語がある。太平洋戦争に例えれば、海軍は戦線を南はビスマルク諸島からソ

ロモン諸島、東はミッドウェー、北はアリューシャン列島まで拡大した。これは日本の補給能力をはるかにこえ、その結果、ソロモンの消耗戦に巻き込まれ、日本の敗戦につながった。

すでに制海権を朝鮮軍に奪われ、義兵の襲撃により日本軍の補給は続かなくなっており、平壌まで兵站は届いていなかった。あるのは敵の残した十万石余りの食糧のみだった。

行長は攻勢終末点を平壌とみていたのである。

行長が統治している平安道でも、西山大師率いる義兵が決起し、政情は不安定だった。行長自身も軍を率い、義兵と戦った。北上し明に攻めるどころではなかったのである。

そして冬将軍、冬の厳しい気候である。

例にあげるとロシア（ロシア帝国、ソビエト連邦）はその気候を生かし、ナポレオンのフランス軍、ヒトラーのナチス・ドイツ軍を破り、後に両者は滅亡した。

（ロシアに侵攻したフランス軍は、戦死と凍傷により六十一万人の兵のうち、生還したのはわずか五千人という大敗北を喫した）

日本軍は防寒具の用意がなく、行長率いる第一軍団は九州の兵士達で、厳しい寒気になれていない。

行長は弟、主殿介を秀吉の許に派遣し、現地の情報を報告した。主殿介は、

「前線の日本軍には食料は無く、輸送路を守る兵もおらず、無人の状態である。占領地は安定していない。進撃をやめて占領地を固め、その政務に力を注いだほうがよい。」

と明の征服の実行不可能を秀吉に進言している。

八月七日、渡海軍が京城に呼び集められ、軍議が行なわれた。それには宇喜多秀家、黒田官兵衛、石田三成、大谷吉継、増田長盛、小西行長、黒田長政、島津義弘父子、小早川隆景達が参加している。

会議の結果、折から冬が近づいていたので一同は攻略を一時停止し、陣地を固め、冬から夏にかけての食糧を確保することが急務であるという点で意見は一致した。この軍議で行長は「大明恐るに足らず前進あるのみ。」と豪語し、「全ての日本軍を王都に集め、都の近くに城を作り明の大軍と戦うべき。」と反論する黒田官兵衛と対立しているが、フロイスの『日本史』では、一切記されていない。

秀吉の意向は鴨緑江まで軍勢を進める事であったが、この年の明への侵入延期と秀吉の朝鮮への渡海中止を秀吉に進言する事を決定した。この会議の後、行長は平壌に戻っている。

朝鮮軍の反撃は続いた。

黒田長政軍は延安城の攻防戦で李廷馣の率いる義兵に敗退し、小早川隆景軍は梨峙の戦いで権慄軍に敗れた。小早川軍の全羅道侵入は失敗し、拠点の錦山城からも撤退した。毛利輝元軍は義兵に翻弄《ほんろう》され戦線を縮小した。永川城の戦いでは権応銖軍が福島正則軍を撃退した。加藤清正が統治する咸鏡道では鄭文孚《チョンモンブ》軍が鏡城を奪取し、続いて加藤軍のつなぎの城、吉州、城津、瑞川城を攻略した。加藤軍は咸鏡南道に撤退した。

晋州城の攻防戦では金時敏《キムシミン》が三千八百人の将兵で籠城し、細川忠興の率いる二万の大軍が包囲した。戦は六日間続いたが、遂に城を攻略することができず、晋州城から撤退した。六千人の朝鮮軍が二万人の日本軍を破ったのは朝鮮にとっては大きく、文禄の役が始まって最初の大勝利となった。日本軍は制海権を朝鮮に奪われただけではなく、朝鮮南四道の確保もできなかった。

明では石星が沈惟敬を遊撃将軍に任命し、講和交渉に当たらせ、行長のもとへ派遣した。九月一日、行長と沈惟敬は平壌城外北方四キロメートルの所、降福山で会見した。朝鮮軍の将兵達は高所に登り、会議の様子を望見した。付近には多数の小西軍が集結し、四方を取り巻いていた。後に朝鮮人の記録に、

「行長はいつも厳しい顔をしていて、口数も少ない。軍の規律は実に厳格で、陣営は整然としている。」

と書かれている。

明の使者は、

「平壌の小西軍は少数ではあるが精鋭で強くその守備は厳重である。」

と報告している。

沈惟敬は初対面の行長を見て、

「色白く、背高く、眉目秀麗、爽やかな人柄で、年齢は三十五歳と申すが、若く見える。」

目の前の行長は、とても激戦を勝ちぬいた猛将には見えなかった。

沈惟敬は低姿勢で降伏を乞うと述べ、朝鮮の一部を日本に与えることによって秀吉と和

平友好を結びたいと言い、秀吉の元へ使節をつかわすと約束した。行長は大同江以北は明の領土とし、以南を日本の領土とすること、そして勘合貿易（日本と明の貿易）の再開を要求した。沈惟敬はこの要求を朝廷に報告すると答えた。会議の結果、平壌を軍事境界線として両軍はそれを侵さない事、五十日間の停戦協定を結んだ。

五十日間の停戦の間、明軍は反撃の準備を進めた。石星は宋応昌《ソンインツァン》を軍務長官、彼の指揮下で軍司令官に李如松《リルウスン》が任命された。李如松が率いる軍隊は李家軍と呼ばれる李家の子飼いの私兵によって構成される軍団で、精鋭無比にして向かうところ敵無しと称せられた。

李如松は女真族、韃靼族の戦で武功をあげ、武官として最初に提督（水、陸全軍の指揮統率をする）となった将軍で、四万三千人の精兵を編制し、平壌奪回の準備を進めていた。

一方、日本軍では寒気による厳しさと食糧不足に苦しみ、戦いを続ける事が難しくなった。秀吉は現地からの報告を聞き、秀吉自身が来年三月、渡海し直接、明、朝鮮軍をつぶすので、それまで踏みとどまる様、各日本軍は敵とうかつに合戦をしてはいけないと厳しく禁じ、釜山から平壌の間に「つなぎの城」を普請し、防備を固める様、命じた。そして行長と大友吉統（義統から改名）には、

「あまり深入りして不覚をとるな。防備を固め、長期にわたり駐留できる様、十分の用意をせよ。もし小西が危険に陥った際は大友が救援せよ、互いに難局を助け合うように。」

と命じられた。

行長は平壌城内の防備をさらに増強し、後詰め（味方の後方に待機している軍勢。予備

軍）として大友吉統、黒田長政、小早川隆景を置き、明、朝鮮軍の反撃に備えた。行長は和戦両様（話し合いになろうと全面的な争いになろうとどちらでもよい様に準備すること）の構えをとっていた。

　文禄二年（一五九三年）一月一日、李如松は部下の副総兵、査大受を順安に派遣して、明の朝廷は講和を許し、沈惟敬が順安に到着しているという偽りの報告を小西軍に伝えさせた。行長は大いに悦び、一月三日、沈惟敬を迎える為に竹内吉兵衛ら三十人を順安に派遣した。竹内吉兵衛達は順安に入城すると、明軍の兵士に竹内ら三名は生け捕りとされ、残りの従者達は事態に気がつき、平壌城に逃げ帰り、行長に事の次第を報告した。

　報告を聞いた城内は騒然となった。行長は沈惟敬の裏切りに激怒した。しかし、行長にぬかりはなかった。大友吉統に援軍を求め、反撃の準備を進めた。小西軍は二千人の兵で牡丹台を守備し、主力一万の兵で七星、普通含毬、正陽の四門を守備し、三千人を遊軍とする。一万五千人の軍で明、朝鮮軍の攻撃に備えた。

　一月五日、李如松は明軍四万三千人の軍と金命元率いる朝鮮軍八千人を率い、平壌城外に布陣し、三方から城を包囲した。城北、牡丹台、七星門方面には右脇大将、張世《チャンセイ》爵、一万人。副総兵、呉惟忠、三千人。城西、普通門方面には左脇大将、揚元、一万人。城南、含毬川方面には中脇大将、李如伯、一万人。朝鮮軍、金命元、八千人。遊軍、副総兵、佟養正、九千人。平壌の南方十六キロの中和には小西軍の退路を防ぐ為、朝鮮軍三千人が配置された。

朝鮮軍が先に攻撃し、牡丹峰を守備する小西行長率いる二千人の軍と戦った。小西軍は朝鮮軍を撃退した。朝鮮軍が敗退した後、李如松の明軍が牡丹峰を攻撃した。日明両軍の大将同士が初戦で対決したのである。行長は陣頭指揮を執って防戦した。李如松軍は多くの死傷者を出して敗退した。行長も敵を撃退した後、平壌城内に撤収する。

一月六日の夜、小西軍は明軍、朝鮮軍に夜襲をかけた。先に牡丹台外に布陣する明軍の呉惟忠の陣を襲った。呉惟忠軍はこれを防いだ。次いで含毬門外に布陣した朝鮮軍を背後から襲い大打撃を与え、多くの死傷者を出した。

七日の夜には明軍、李如柏の陣に夜襲をかけ、戦果をあげた。

八日の早朝、李如松は全軍に開戦を告げ、総攻撃を命じた。初戦で明軍が撃退された牡丹台には呉惟忠、査大受軍が攻め、明軍は平壌城の三方面から総攻撃を開始する。牡丹台の城壁上では木戸作右衛門、松浦軍の部将、松浦源次郎の軍勢が防戦し、再び明軍の強襲を撃退した。平壌城の城壁では明軍が梯子をかけ、城内へ侵入しようとした。小西軍は城壁で鉄砲で撃ち込み、刀や槍で敵を斬り殺し、必死に防戦する。平壌城の城壁は明軍の兵士の屍で埋まった。明軍は屈する事はなく同胞の屍を駆け登り、城壁での両軍の死闘は続いた。明軍は大砲で一斉に砲撃し、城内の至るところで火災がおこり、小西軍に大打撃を与えた。それでも小西軍は城壁に身を隠し鉄砲や刀槍で猛反撃し、石を投げ落とし防戦した。小西軍の猛攻に李如松の軍は退却し始めた。李如松は逃れようとする味方の兵を殺し、その死体を明軍の陣にみせしめとして晒した。そして、

「小西行長、宗義智、松浦鎮信の首には各銀五千両を与え、指揮使を世襲させる。一番乗りには敵将の首とは別に銀五千両を与える。」

と公言した。李如松は親兵二百騎を率い、最前線を駆け回り、各軍の指揮を執り激励した。

八日、明軍は態勢を立て直し、二度目の総攻撃をかけてきた。牡丹台では木戸作右衛門、松浦源次郎の軍が明軍に鉄砲を乱射し、多くの明軍の兵士が戦死した。しかし、明軍に包囲されると、敵中に斬り込み、平壌城内に後退した。呉惟忠は銃弾を胸に受けながらも突入を果たし牡丹台を占領した。牡丹台の周辺には、すき間がないほど屍の山となっていたほどの激戦だった。

含毬門では李如柏、祖承訓率いる明軍と金命元率いる朝鮮軍が攻撃した。祖承訓は前回、平壌戦で行長に敗れていた為、汚名を挽回するべく参戦した。李如柏は日本軍が朝鮮軍を軽んじているのを知っていた。そこで明軍の一隊に朝鮮軍の服装を着て城下に迫り、城内に突入すると服を脱ぎ、正体を現したので小西軍は大いに驚いたという。最初に含毬門が破られ、城内に突入した。七星門方面では大砲で門楼を砲撃し撃ち崩した。門楼を破壊した後、張世爵率いる明軍が突入した。普通門方面では小西軍の猛反撃に李如松、楊元率いる明軍は苦戦し、城内に突入できなかったが含毬門方面から明、朝鮮連合軍に背後を急襲され、小西軍は敗れた。李如松、楊元軍はこれを機に城内へ突入した。城壁の外にあった飯米倉も焼き払われたので兵糧がなくなり、籠城して持久戦に持ち込むことが不可能となった。それでも小西軍の士気は衰える事はなく、戦意は高かった。

明の記録では、

「日本兵一人の首を取る為に明兵五～六人を失う。」

と記されるほど、小西軍は勇戦した。行長の家来、大石智久は豪勇のほまれ高い荒武者で、五十余人の明兵を斬った。

小西軍は内城に撤退した。小西軍は内城も防備を強化していた。内城の土壁には銃眼を設置し、小西軍は鉄砲で攻撃した。明、朝鮮連合軍は次々と諸大名の内城を攻め落とし、敗れた各部隊は行長の立て籠る練光停内城に後退した。練光停内城は大同江の川沿いの城壁沿いの所に築かれた。勝ちに乗じた明、朝鮮連合軍は練光停内城に突撃したが、内城からの射撃で多くの死傷者を出し、李如松も馬を射たれて転倒した。もし射撃が馬ではなく李如松を射ち、戦死させていれば戦局も変わっていたかも知れない。李如松は戦場で初めて死の恐怖と直面した。小西軍を追いつめたはずが、逆に明、朝鮮連合軍の損害が増大した。李如松は攻撃を断念し、城外の陣所に戻った。小西軍の戦死者は千二百人、明、朝鮮連合軍の戦死者は三千人だった。

行長は明、朝鮮連合軍を撃退し、練光停内城を死守したものの誤算が生じていた。大友吉統軍が援軍に来なかった為、孤立無援におちいっていたのである。大友吉統は明軍襲撃の報を聞くと、大いに驚き恐れた。そして行長の救援要請を無視し、京城に向かって退却していたのである。

行長は、

「関白（秀吉）殿を範として、敵に背を向ける事は卑怯であり、永遠の不名誉に至り、追放され、関白の寵愛を失うよりは、誇りをもって戦死する方がましである。」

と籠城死守する事を言った。

それに対し木戸作右衛門は、

「ここで全員が戦死すれば、敵を勢いづかせ、後方の日本軍の士気を失う事になり、関白にとってははるかに悪い結果になる。後方の日本軍の司令官達の戦力は、殿（行長）より少ないから、敵に征服されてしまうだろう。その方が関白にとって大きな不名誉であり、損失も大きなものになる。三日間も戦い、食糧、弾薬が尽き果てて退却したところで、それは卑怯ではない。むしろ三日間も敢闘した殿の勇気と賢明さを賞讃し、それ以上は戦えなかったことを理解し、殿の死はその兵士達の損失に繋がるとして、全軍を後方へ撤退したのであるならば、殿を思慮深い司令官として見なすだろう。」

と退却を進めた。諸将も行長を説得し、行長も平壌からの撤退を決意した。

李如松は時が経てば日本軍の援軍が到着し攻撃を受ければ形勢を逆転され、平壌城を奪回できなくなるのではないかと怖れた。そこで李如松は張大膳を使者にたてて行長に降伏を促し、平壌城から撤退する様すすめた。

「我が軍の兵力をもってすれば、お前達を全滅させる力があるが、貴公達勇敢な戦士達を殺すにはしのびない。降伏すれば命を助け、退路を開くことを保障する。」

行長は、

「我らはこの城から退却する。退路を断たないと約束するのであれば、速やかに撤退する。ただし後方から攻撃した場合、我が軍は容赦はせぬぞ。」

と返答した。

明軍は小西軍の退路にあたる東の大同江方面の道をあけ、中和に待ちぶせしていた朝鮮軍にも退く様、命じた。

その夜、小西軍は平壌から退却した。明、朝鮮連合軍の主力は追撃しなかった。連合軍の兵士の多くは負傷しており、三日間にわたる激戦で疲労していた。追撃戦となれば大砲を移動させる事は難しかった。そして小西軍を恐れたからである。平安道体察使（一道の諸将監督の権限を掌握する高官）の任にあった柳成龍は李時言《イシオン》と金敬老《キムキョンノ》達に行長達の生け捕りを命令した。だが、金敬老は行長を恐れ、追撃しなかった。

しかし、中には李如松の意に反し、追撃する武将もいた。参将、李寧《りねい》、副総兵、査大受《さたいじゅ》である。二人は、小西軍が強いといっても激戦で疲労し、負傷者や病人が多いので、今なら行長達を討ち取る事ができると思ったからである。李寧、査大受は三千人の兵を率い小西軍を追撃し、落伍者達三百六十人が殺された。

明軍の卑怯なやり方に激怒した行長は木戸作右衛門、小西主殿助、そして屈強な兵士達を率い、明軍に反撃した。行長達は次々と明兵を斬り殺し、蹴散らしていった。明兵達は逃げ出し、行長達は李寧、査大受に迫った。行長を討ち取るはずが、逆に討ち取られそうになった両将は生き残った兵を連れ、平壌城へ逃げ帰った。

しかし、行長の本当の敵は明、朝鮮連合軍ではなく、冬将軍であった。朝鮮の一月の気温は零下二十度をこえ、寒気に苦しめられた。その上、食糧不足の為、飢えにも苦しみ、多くの兵士達が凍死した。この時、有馬晴信は天然痘にかかり、その上、ほとんど失明したが、行長は晴信に都につくまでは名誉をもって待遇し、見捨てはしないと約束した。行長は約束を守り、晴信は無事に京城に着いた。その後、晴信は天然痘から回復した。

小西軍は中和、黄山を経て鳳山に着いた。

だが、大友吉統はすでに退却し、鳳山城は空城であった。小西軍はさらに退却し、十一日、ようやく黄海道白川で黒田長政の家来、小川伝右衛門が守備する竜泉山城に到着した。

黒田長政は行長達を出迎え、

「大友吉統が退却する際、小西殿は明軍に包囲されて討ち死にされたと告げ、拙者にも退却をするように勧めて退却したが、拙者は小西殿の行方が心配ゆえ、お迎えにまいりました。たびたび引き返しては戦いつつ、無事に撤退されたこと、武勇のほどは申しあげようもござらぬ。いざ、おいであれ。飢えをお助けいたそう。」

と小西軍を収容した。小西、黒田軍は開城の小早川隆景の陣に撤退した。小早川隆景は開城で反撃しようとしたが、京城から安国寺恵瓊や大谷吉継が到着し、京城へ後退する様すすめた。小早川隆景も同意し、十七日、開城から撤退し、三十一日、京城へ到着した。

小西軍は京城まで撤退した時点で一万八千七百人の内、一万二千人余りを失った。兵士の消耗率は六十五パーセント、失った原因は戦によって死亡した人数より、飢餓や凍死、病気によって死亡した人数の方が多かった。

平壌戦で勝利した明、朝鮮連合軍は開城に進駐した。二十三日、軍議が開かれ、京城攻略が決定された。二十五日、祖承訓は出陣し、兵二万人を率い京城をめざした。

一方、日本軍の方では、宇喜多秀家達が各地に分散していた日本軍を結集させ、京城城外の碧蹄館《ベクチュグアン》付近で明、朝鮮連合軍を追撃することにした。この地は京城から北西十八キロにあり、南北に四キロ、東西に四、五百メートルの細長い渓谷である。

日本軍は二十六日、午前零時に京城を出陣した。先手の主将は小早川隆景であり、第一隊は立花統虎、高橋統増、第二隊は、小早川隆景、第三隊は小早川秀包、毛利元康、筑前広門、第四隊は吉川広家、総数二万人である。

本隊の総大将は宇喜多秀家である。本隊は第五隊、黒田長政、第六隊、石田三成、増田長盛、大谷吉継、第七隊、加藤光泰、前野長康、第八隊、宇喜多秀家、総勢二万一千人であった。

行長は先鋒として戦うつもりであった。日本軍としても小西軍の戦力は必要だったが、あまりにも損耗が大きく、戦える状態ではなかった。宇喜多秀家、小早川隆景達は行長を引き止め、行長は大友吉統と共に京城守備にあてられた。

二十六日午前七時、両軍は碧蹄館で激突した。日本軍の先鋒は立花宗茂の武将、十時伝右衛門の五百人で明の先鋒隊と戦った。十時隊は明の先鋒を破り、望客峴まで追撃したが、李寧が七千の兵を率い応援に駆けつけ十時隊を破った。十時伝右衛門以下百余人の戦死者を出した。立花宗茂、高橋統増の率いる二千五百人が戦闘に参加し、両軍が戦い混戦となった。立花、高橋軍が劣勢になると小早川隆景軍が立花、高橋軍に代わって明軍に立ち向かった。李如松は本隊を酒幕里におき、碧蹄里へ進撃してきた。小早川隆景軍の先鋒、粟屋景雄と井上景貞は各三千の兵を率い明軍を中央突破しようとしたが、明軍は騎馬隊の反撃で阻止した。小早川隆景は小早川秀包達五千人に出撃させ、一時後退した立花、高橋軍を東北側に迂回させ、側面から明軍を攻撃した。小早川隆景は本隊を率い李如松軍を撃退した。李如松軍は高陽まで後退したが、そこへ楊元軍が救援に駆けつけ李如松軍を救い、日本軍の進撃を食い止めた。

小早川隆景は新たに吉川広家率いる四千人の軍を投入し、明軍に突入させた。明軍は李如柏、李如梅の軍が反撃した。両軍共に後続部隊を投入し、激戦が続いたが、明軍は日本軍の進撃を阻止できなかった。日本軍は三方から明軍を包囲し、碧蹄里北方の峠、恵隠嶺まで追撃した。正午頃には戦いの大勢は決し、さらに深追いしようとする立花軍を小早川隆景が押しとどめた。日本軍も早朝からの激戦で兵士達は疲労し、犠牲者も多数でていたからである。日本軍は午後五時頃、京城に帰った。明軍の戦死者は六千余人であった。

李如松も敗軍を率い、二十九日に開城へ退却した。

碧蹄館の戦いの後、行長は、

「平壌を失ったのは私の責任であり、その全ての責任は私が負う。」

と秀吉からの厳罰、最悪の場合は死を覚悟した。

だが、秀吉からの厳罰を受けたのは行長ではなく、大友吉統だった。大友吉統は秀吉から名護屋城に呼び出された。秀吉は激怒し、

「吉統。お前は明軍を恐れ、小西が百死一生の危機に陥ったのを助けようともせず、逃亡したことは前代未聞の臆病であり、わが日本の恥である。今後への戒めとして、お前の首を刎《は》ねるべきではあるが、大友家は頼朝公以来の名家であるから、命だけは助けてやる。但し、豊後は没収し、その身柄は毛利輝元に預けるものとする。」

大友吉統は改易となった。そして行長には、

「行長は、寡兵にもかかわらず、強大な敵を三日間も勇敢に持ち堪え、最後には自発的に全軍を平壌城から撤退した。行長の苦戦は、非常なる手柄であり、その忠義は浅からぬものがある。」

と大いに賞讃し、行長の労をねぎらった。

二月初旬、権慄は朝鮮軍二千二百人の兵を率い、幸州山城に入城した。幸州山城は京城から十五キロメートルにあり、城は南側を漢江、他の三方は湿地帯に囲まれて独立した徳陽山（百二十五メートル）にあり、小高い兵陵で、天然の要害だった。放置すれば障害となると考えた日本軍は、二月十二日、京城から幸州山城攻撃に向かった。宇喜多秀家を総大将にして第一隊、小西行長、第二隊、石田三成、増田長盛、大谷吉継、前野長康、第三隊、黒田長政、第四隊、宇喜多秀家、第五隊、吉川広家、第六隊、毛利元康、小早川隆景。

総勢三万人であった。

午前六時、日本軍は総攻撃を開始した。日本軍は西北の緩斜面から攻撃した。朝鮮軍は高所から大砲で砲撃し、小銃、弓矢、投石で反撃し、日本軍は死傷者が続出した。先鋒の小西隊は火攻めで攻撃し、城中を焼き、出城を占領した。朝鮮軍は潰乱して本城へ逃げ込んだ。小西隊は第一柵を突破し、第二柵に迫った。権慄は逃走した数人を斬り捨て、先頭に立って督戦した。朝鮮軍は再び反撃に転じ、今度は小西隊が後退した。

日本軍は三度攻撃し、三度退却した。宇喜多秀家、吉川広家、石田三成、前野但馬達の諸将まで負傷するほどの激戦だった。朝鮮軍は儀僧兵、民百姓、婦女も戦いに参加し、総力戦となった。

権慄率いる朝鮮軍も死傷者が続出し、矢種も尽き、落城寸前の危機に陥った。急を聞いた忠清道水軍の司令官、丁傑《ていけつ》の率いる二隻の船で矢を城中に運び入れた。朝鮮軍は再び弓矢で日本軍を攻撃した。さらに京畿道水軍の司令官、李蘋《イビン》が十隻の兵船を率い、漢江から救援に駆けつけた。これを見た日本軍は背後を断たれる事を恐れ、午後六時、全軍撤退し京城へ退却した。

しかし、権慄も日本軍の報復を恐れ、軍を率い臨津江まで撤退した。

朝鮮に出兵した日本軍は二十万人であったが、七万五千人が死亡し、兵力は十二万五千人まで減少していた。

三月、明軍は京城郊外の龍山にある日本軍の食糧倉庫を焼却した。日本軍は窮地に陥り、戦争の継続が絶望的となった。明軍も碧蹄館の敗北から立ち直る事が出来ず、両軍の間で厭戦《えんせん》気分が高まり、講和の方向へ傾いていった。日本軍は講和交渉を明に要請し、宋応昌もこれに応じて沈惟敬を送ってきた。日本側は小西行長、加藤清正が交渉に出席し、四月一日、三者は龍山で会談した。

行長としては沈惟敬はすぐにでも殺したい相手であった。しかし、ここで講和交渉を行い、停戦状態を作らなければ、明、朝鮮軍に追撃され、日本軍に多大な損害を出し、多くの戦死者が出る事になる。行長は日本軍を無事に撤退させる為、沈惟敬を殺すかわりに自分の私情を殺したのである。そして次の四点で合意にいたった。

一、日本軍が捕らえた朝鮮二王子、従者の返還
一、日本軍は京城から釜山まで撤退
一、明軍は開城まで撤退
一、明から日本への使節の派遣

宋応昌は配下の謝用梓《シエヨンズイ》、徐一貫《シエヨンズイ》を講和使として送ってきた。行長は休戦のとりきめを行ない、釜山まで撤退することを条件に明、朝鮮軍に追撃しない保証をとりつけた。

四月十八日、日本軍は京城から撤退し、明使節、沈惟敬、朝鮮二王子と共に釜山へ退却した。行長は石田三成、増田長盛、大谷吉継の三奉行と明の講和使、謝用梓、徐一貫達を連れて五月八日に釜山を発ち、十五日に名護屋に到着した。秀吉はすでに五月一日、講和七条件を提示していた。その七条件とは、

一、明の王女を日本の后妃とすること
二、勘合貿易を復活させること
三、日本、明の大官は相互に友好の誓詞を交わすこと
四、朝鮮は都城を添えて、北の四道を返還すること
五、朝鮮から王子と大臣を人質として差し出すこと
六、捕虜中の二王子は、朝鮮へ返還すること
七、朝鮮の大官は、永代違約のない誓詞を差し出すこと
であった。明使はこれを拒否したが、行長達はこれは秀吉の固い意志であると主張した。明使も交渉が失敗するのを心配し、さらに日本側の脅迫に屈して七条件を受け入れた。その後、行長は内藤如安を明に対する講和使として、北京の明皇帝のもとへ派遣することを決めた。内藤如安は行長から小西の姓を与えられ、六月二十八日、明使に同行して北京へ向かった。

行長は朝鮮から李朝活字（金属活字）を持ち帰り、秀吉に渡した。秀吉は後陽成天皇に李朝活字を献上した。天皇は側近に命じ、本を印刷した。印刷された本は「古文孝経」である。

行長は朝鮮二王子を朝鮮に引き渡した。その後、行長は三奉行と共に釜山に戻っている。秀吉は講和交渉を進める一方、日本軍に普州城攻撃を命じた。進行中の講和交渉を有利に進める為にも慶尚道地域の確保が必要だった。前年の十月、細川忠興達が二万の兵で攻

めたが大敗した。その報復もあった。

五月二十日、秀吉は晋州城攻撃の軍編制を発表した。日本軍の兵数は十二万四千人で文禄の役最大の軍団だった。

晋州城では義兵司令官、金千鎰《キムチョンイル》、官軍司令官、崔慶会《チェギョンフェ》達は約七千人の兵を城内に入れて迎撃態勢を整えた。さらに避難民数万人も籠城した。

行長は部下を城内に派遣させ、敵に書面を送った。内容は晋州城から朝鮮軍を撤退させる事であった。十二万ちかい日本軍に攻められては、朝鮮軍に勝ち目はない。秀吉の目的は普州城の占領だから、たとえ空城でもかまわない。無益な戦を避けようとしたのである。

例えでいうと「戦国時代版シンドラーのリスト（第二次世界大戦時のナチス・ドイツによるユダヤ人の虐殺（ホロコースト）の中、ドイツ人実業家オスカー・シンドラーが千百人以上のユダヤ人の命を救った）」であったが、敵は、行長の忠告を無視した。あくまで日本軍と戦う方針をとったのである。

六月二十一日、日本の大軍は晋州城を完全に包囲した。戦闘は六月二十一日から二十九日まで続き、日本軍の猛攻によって普州城は落城した。朝鮮軍将兵、市民は全滅し、死者は数万人にも及んだ。開戦以来、これほどの犠牲者を出した戦闘はない、といわれたほどであった。行長は戦闘には参加しなかった。無益な血は流したくなかったのである。

普州城落城後、日本軍は慶尚南道の浴海地方に撤退、日本式城郭（倭城）を築いた。

行長は釜山から西方に約二十五キロの位置にある熊川に城を築いた。熊川城の天守は南山の丘陵の背面先端に構えられ、丘陵背面から攻められた場合にはその最前線に位置することになる。これは天守が実戦的な防御施設であることを示している。そして天守台は倭城の中でも最大の規模を誇り、日本国内の城では松本城の天守台がこれに匹敵する。この城の天守は五層の天守閣が建てられた。これにより、丘陵背後から攻めてくる敵を最上層から監視するとともに、堀を越えて襲来する敵に対しても、高所からの攻撃が可能であった。天守の下部には二の丸、三の丸を配置、延々と塁壁をつらね、高さ三～八メートルの石垣は全長千二百五十メートルにも達し、急勾配の石垣は七十度にも及んでいた。海岸には堀、濠を作り敵の侵入に備え、水上からの補給を受けられるよう、船着場を設けていた。

約五キロメートル離れた周囲には、多数の城砦が設けられ、その一つには小西主殿介、他の一つには宗義智が配置された。熊川邑城には沿岸倭城として守備軍を配置していた。

熊川城を訪れた宣教師グレゴリオ・ド・セスペデスは、みずからの書簡でつぎのように述べている。

「この熊川の城は難攻不落を誇り、短期間に実に驚嘆すべき工事が施されています。巨大な城塞、塔、砦が見事に構築され、城の麓にすべての高級の武士、小西行長とその幕僚、ならびに連合軍の兵士が陣取っています。彼らは皆、よく建てられて広い家屋に住んでおり、武将の家屋は石垣で囲まれています。」

西海岸の城塞網のなかで行長の熊川城が最も重要な地位を占めていた。

小西行長の軍に属していた五島純玄が七月二十八日、逝去した。純玄は子供がいなかったので五島家承統を早急に決めなければならなかった。大浜孫右衛門玄雅は行長を訪れ、純玄の遺言を伝えた。行長は玄雅に留守役五島八郎兵衛の息子を養子として受け入れた上で五島家を相続する事を勧めた。玄雅はその条件を受け入れ、第二十一代五島家当主になった。

八月三日、淀君は大坂城で男子を出産した。その報が名護屋城に届くと秀吉は狂喜した。子供は「拾《ひろい》」と名づけられた。後の秀頼である。

十二月六日、小西（内藤）如安はようやく北京に到着した。そして紫禁城で明皇帝、神《しん》宗《そう》皇帝と会見した。明側は、

一、日本軍は朝鮮から一兵も残らず撤退すること

二、秀吉の国王任命は認めるが、勘合貿易は認めない

三、日本は朝鮮と修好して共に明の属国となること

この三点を要求し、如安はこれを承諾した。

明は秀吉を日本国王に任命すると共に、日本の大名、武将へ官職を与えることを決定していた。それは如安が行長から依頼されていた請願書をもとにしたものであった。請願書は石星に提出された。

日本国王　豊臣秀吉

神童世子　嫡子（秀頼）

都督兼関白　豊臣秀次

大都督　小西行長　石田三成　増田長盛　大谷吉継　宇喜多秀家
　行長は九州全体を統治し、明治岸の海上警備と朝鮮との修好を担当
日本禅師　景轍玄蘇
亜都督　徳川家康　前田利家　羽柴秀俊　蒲生氏郷　毛利輝元　小早川隆景　有馬晴信
　宗義智
　この官職要請名簿の内容は行長の独断ではなく、秀吉の承認を得たものであった。これからの政治の体制は豊臣家を中心に行長達官僚達が支え、政権基盤を確立しようとしたのである。そして明、朝鮮と修好関係を保ち、三国を結ぶ東シナ海全体の海上交通を掌握する事によって東アジアを安定させる。
　そして九州を統治しておけば、もし秀吉没後、徳川家康や諸大名が天下を狙って動き出せば、それらに対抗する兵力を動員する事ができる。
すでに行長は秀吉没後、豊臣政権を安定させる事を考えていたのである。
　文禄四年（一五九五年）正月、明側は秀吉に日本国王に任命するという国書を持たせた使者（冊封使《さくほうし》）を日本に送ることに決定した。正使、李宗城《りそうじょう》、副使、楊方亨《ようほうこう》である。この正使一行を内藤如安、竹内吉兵衛達が案内した。竹内吉兵衛達三名は明軍の捕虜となっていたが、明皇帝と会見終了後、日本側に引き渡された。
　冊封使と沈惟敬、内藤如安達は一月に北京を出発し、四月に京城に到着した。先に沈惟敬が能川城の行長のもとへ訪ねていた。行長は沈惟敬が持参した国書を受け取り、玄蘇に

翻訳、朗読させた。国書の内容を確認した行長は四月末、秀吉に状況を報告して相談する為、寺沢広高と共に能川城を発ち、五月六日、名護屋に到着した。

　行長は秀吉に明使の来日と国書の内容を報告した。行長から国書の内容を知った秀吉は先に出した「七ヶ条」の和平条件を後退させ、新たに「三ヶ条」からなる和平条件を提示した。
一、明の命により朝鮮を許すが、朝鮮王子一人を日本に渡海させ秀吉の家臣となること。そして「朝鮮南部四道」を日本領とすること。
二、沈惟敬と共に朝鮮王子が能川に到着次第、日本の「軍営十五城之中十城」を破却すること。
三、明皇帝が朝鮮と日本の和平を要求するので朝鮮を許す。今後は日本と明との間で勘合による官船、商船の往来を行なうこと。
　秀吉は明の冊封（中国王朝の皇帝がその周辺諸国の君主と「名目的」な君臣関係を結ぶ事）下に入る事を了承し、明皇帝の命により朝鮮と和平を結ぶことを受け入れたのである。そして明との戦争を終結させることが秀吉と行長の共通認識であった。

　六月、行長は寺沢広高と共に再び朝鮮へ戻った。行長は諸大名に各拠点の倭城の破却、撤退を命じ、日本軍の軍縮を行った。この頃行長は兵站業務にあたっていた寺沢広高と親交を深めている。石田三成は島津忠恒に、

「この二人（小西行長、寺沢広高）とだけは分け隔てない、信頼できる間柄である。」

と述べている。

七月八日、秀吉は捨（秀頼）を自身の後継者にしたい為、秀次の関白の職を奪い、高野山に追放した。続いて十五日、切腹を命じられ秀次は自害した。八月二日には秀次の妻妾や子女三十余人が京都三条河原で殺された。

しかし難を逃れ、二人の姉妹が生き残った。姉は公卿の梅小路家に嫁ぎ、妹は真田幸村の側室となった。妹はなお（幸村の五女）、幸信（幸村の三男）を産み、秀次の血を後世に残した。

明正使は内藤如安達と共に十一月、釜山の小西陣中に到着した。行長は日本で明正使の受け入れ態勢を整えるべく、文禄五年（一五九六年）正月、沈惟敬と共に日本へ帰った。

しかし四月三日、正使の李宗城が釜山の日本陣営から逃亡した。行長は釜山に戻り、沈惟敬と善後策を協議した。その結果、副使であった楊方亨が正使、沈惟敬が副使となり、行長も同行して六月中旬、日本へ向かった。

明正使の日本渡海にともない朝鮮は正使、黄慎《ファンシン》、副使、朴弘長《パクホンザン》達による朝鮮通信使節を日本へ派遣した。明正使一行と朝鮮使節は八月十九日に堺で合流し、九月一日、大坂城で秀吉と対面した。

秀吉は赤子（捨）を抱いたまま会見にのぞんだ。明正使は明皇帝からの国書を伝達した。

そして金印、冠服を秀吉に差しだした。同時に行長を筆頭とする諸大名には、行長の明官職の要請にもとづき、明皇帝から官職任命書と衣服が与えられた。ただ、朝鮮の使節に

対しては、

「私は朝鮮国王を許し、王子を釈放してやったのに、今まで一度も挨拶にきていない。しかも使節にも低い身分の者を選んでよこした。貴方は小国のくせに、前々から、わしを侮っておったのじゃ。」

と怒る一幕もあったが、それでも大坂城の会見は無事に終了した。行長は大役を果たし、戦は終結するかに思われた。

しかし、問題は後から起こった。明正使が堺に戻った後、秀吉は明正使歓待の為に高僧四人を派遣した。明正使は四人の高僧に、

「朝鮮にある日本軍の全陣営を取り壊し、日本軍を撤退させること。」

と書状をもって答えた。高僧達は書状を秀吉に差し出した。秀吉はそれを読み激怒した。秀吉は明の冊封は受け入れるも、朝鮮四道だけでも確保しなければ、前回の戦が無駄になり、政権維持さえ困難になる。秀吉は朝鮮半島南部を獲得する為、再び朝鮮出兵を決意した。慶長の役である。

明はこの講和交渉の失敗に厳罰をもって臨んだ。日本との和平を推進した石星を投獄し、その獄中で死なせた。冊封正使の楊方亨も職を奪われた。沈惟敬にも逮捕状がでていた。沈惟敬は日本軍陣営に助けを求めた。

しかし、日本軍の将校達は沈惟敬に騙されて平壌の戦で敗れ、多くの死傷者を出した恨みを忘れていなかった為、受け入れを拒否した。沈惟敬は明の追補使につかまり、明に送

られた。そして「日本の嚮導《きょうどう》、中国の禍根《かこん》（日本を先導し、中国の災いのおこる元凶）」と断罪されて斬首に処せられている。策士、策に溺れたのであった。

九月六日、フィリッピンからメキシコに向かって航海していたスペイン船サン・フェリペ号が台風に巻き込まれて遭難し、土佐の浦戸に漂着した。土佐の大名、長宗我部元親は秀吉に通告した。秀吉は、その積荷の没収を命じ、増田長盛を浦戸へ派遣した。この時、増田側とサン・フェリペ号側が対立し、怒った乗務員、デ・ランダは、「スペイン国王は、宣教師によってキリスト教を布教し、その後、軍隊を派遣して、世界の国々の征服を企んでいる。」

と言い放った。これを聞いた秀吉は激怒し、京、大坂の宣教師と信徒を捕らえる事を命じた。小西行長や石田三成達の計らいで逮捕者を最小限度におさえたが、二十六人が長崎へ送られ、西坂の丘で処刑された。後の「二十六聖人殉教」である。

慶長二年（一五九七年）二月二十一日、秀吉は再び朝鮮半島への出陣を号令し、再征軍の部署の割り当てを発表した。

一番隊は加藤清正一万人、二番隊は小西行長達一万四千七百人、三番隊は黒田長政達一万人、四番隊は鍋島直茂達一万二千人、五番隊は島津義弘一万人、六番隊は長宗我部元親達一万三千二百人、七番隊は蜂須賀家政達一万一千百人、八番隊は宇喜多秀家、毛利秀元四万人（宇喜多、毛利二隊は交替して全軍の本隊とする）九番隊は小早川秀秋達一万人。総勢十四万千四百九十人からなる大軍である。

秀吉の目的は慶尚道、全羅道、忠清道、江原道の南四道の占領であった。

行長は間者（敵方の様子を探る者、スパイ）の要次郎を慶尚右道軍の司令官、金応瑞《キムウンソ》のもとへ遣わせた。要次郎は金応瑞に行長の密命を伝えた。

「今回の和議が成立しなかったのは加藤清正のせいである。その加藤清正は一月十五日、海を渡り、竹島に上陸する予定になっている。朝鮮軍は水軍がすぐれているのだから、これを迎え撃てば、容易に撃退できるだろう。」

金応瑞はこの言葉を信じ、京城の朝鮮政府に急報した。朝鮮政府は水軍の出撃を決定し、全軍最高司令官、権慄を通じて三道水軍統制使（慶尚・全羅・忠清三道海軍司令官）李舜臣に伝えさせた。

しかし、李舜臣は、

「日本軍の謀略に違いない。必ず伏兵を設けているはずだ。その策に乗れば、術中に陥る。」

と出撃を拒否した。ところが加藤清正軍の船団は密報どおりの日時に竹島へ上陸した。

実際には李舜臣の読みが正しく、清正上陸の情報を信じ、出撃した朝鮮水軍に対して伏兵（敵が来るのを待ちぶせして、不意を襲う兵）を置いて撃破するのが日本軍の作戦だった。

加藤軍の後方には朝鮮水軍の襲撃に備え、伏兵が配置されていたのである。

その後、要次郎は金応瑞のもとへ来て、

「清正はついに朝鮮へ上陸した。なぜ、海上で襲撃しなかったのか。」

と残念無念だとうったえた。

朝鮮政府は命令に従わなかった李舜臣を逮捕し、一兵卒として白衣従軍につくことになった。李舜臣は失脚し、かわりに元均が三道水軍統制使となった。元均は以前の制度をすべて変更し、李舜臣に用いられた人物を追放した。そして日夜酒と女に浸って軍事をかえりみなかったので、水軍の士気は低下し、兵士達の心は元均から離れていった。

七月初旬、要次郎は再び金応瑞をたずね、

「まもなく日本水軍が来援する。朝鮮水軍はただちに攻撃するべきである。」

権慄は金応瑞から報を受けると元均に出撃を命じた。

「国家が汝に高禄を与えるのは、いたずらに安楽富貴の日々を過ごす為ではない。死力を尽くして敵を撃て。」

やむを得ず元均は慶尚右道水軍の司令官、裴楔、全羅右道水軍の司令官、李億祺、忠清水軍の司令官、崔湖と共に日本水軍を攻撃する事を決め、釜山浦へ向かった。行長は朝鮮水軍を出撃させるのに成功したのである。

七月七日、元均は軍船二百隻を率い出撃したが、強風が吹き荒れ、船団は散り散りになった。朝鮮水軍は給水の為、加徳島へ上陸したところを高橋統増、筑紫広門軍に撃退され四百余人が戦死した。

七月十四日、漆川梁まで退却した事を知った行長は、水陸から挟撃する作戦をたてた。藤堂高虎、脇坂安治、加藤嘉明の率いる水軍は海上から攻撃し、小西行長、島津忠豊達の陸軍がこれを迎撃するというものである。この頃、釜山浦には日本水軍は六百余隻が停泊していた。

七月十五日夜半、藤堂高虎の先鋒、藤堂新七達は朝鮮水軍の軍船を襲撃し、朝鮮水軍は混乱した。それに乗じて日本水軍数百隻は朝鮮水軍を完全に包囲し、一斉に砲撃した。この戦闘中、裴楔の艦隊が戦線を離脱した。朝鮮水軍は壊滅し、元均は諸将と共に船を棄て、巨済島へ上陸した。陸上では小西軍がこれを迎撃した。元均、崔湖は戦死し、朝鮮軍は全滅した。李億祺は、この敗戦に責任を感じて自ら海に身を投げて果てた。二百隻もあった、朝鮮水軍の軍船は十二隻しか残らず、有能な将兵や多くの兵士達が戦死した。日本水軍は初めて朝鮮水軍に勝利を収めた。制海権を掌握した日本軍はその後、続々と朝鮮半島に上陸した。

これらは全て秀吉から朝鮮水軍撃破を命じられた行長の謀略であった。

日本軍は朝鮮半島に上陸後、日本軍は左翼軍と右翼軍に分かれて進撃を開始した。左翼軍は宇喜多秀家を総大将に先鋒は小西行長、島津義弘、宗義智、藤堂高虎、加藤嘉明、蜂須賀家政達五万六千八百人。右翼軍は毛利秀元を総大将に先鋒は加藤清正、黒田長政、鍋島直茂、長宗我部元親達二万七千人であった。

行長は朝鮮軍に侵攻の時期と進路を伝え、女子供に避難を勧告した。敵に進路を教えても何の見返りもない。むしろその逆で、行長自身が攻撃を受ける危険が高かった。そこまでして敵に教えたのは、その他の住民を避難させ、流血を避けようとした。行長は命懸けで住民を助けようとしたのである。

八月十二日、左翼軍は全羅北道、南原城に到着した。南原城には明の司令官、楊元旗下の三千人の兵と朝鮮軍の軍司令官、李福男率いる千人の兵が守っていた。

十二日の夕方、行長は城中に使者を送り、楊元に降伏と開城を促した。楊元は、

「私は十五歳から軍人として戦場に出たが、まだ敗れたことはない。いま精兵数万を率いて南原城を守りにきた。退くわけがあろうか。」

と豪語し、降伏を拒否した。

十三日、小西軍は城下に近づいた。行長は先兵を後退させ持久戦にもちこむ様に見せかけた。城内の兵士達は安心して寝ているところを十五日午後八時、小西軍は西の門を破り城内へ突入した。これを機に日本軍は総攻撃を開始した。南面から宇喜多秀家、藤堂高虎達の軍、北面から島津義弘、加藤嘉明達の軍、東面から蜂須賀家政、毛利吉成達、西面から小西行長、宗義智、脇坂安治達が四方面から攻め込んだ。城兵達は油断していたので完全に浮足立った。明軍は敗走の態勢に入ったところを日本兵に襲撃された。朝鮮軍は官民が一体となって反撃したが、日本兵は鉄砲を駆使して反撃を撃退した。城内の男女はすべて殺され、生け捕りされた者はわずかであった。城外から脱出する明軍の将兵達も島津、加藤両隊に迎え討たれた。

明軍は李新芳、朝鮮軍は李福男、呉応井、金敬老、鄭期遠、任鉉ら諸将は戦死し、楊元は逃走した。日本軍は五千人を倒し、斬首三千七百余、捕虜数百人を連行した。

南原城陥落後、小西行長の軍は十八日、全州へ向かった。全州の守将、明の遊撃将、陳

愚衷は行長を恐れ、城を棄てて逃げ去った。十九日、小西軍は戦わずして全州城を占領した。

右翼軍は七月二十五日、西生浦を出陣し、梁山、昌寧を経て、黄石山城を陥した。そして長水、鎮安を経て、全州で左翼軍と合流した。両軍は全州城で軍議を開いた。その結果、右翼軍は北上して公州へ進撃し、左翼軍は忠清、全羅の攻略に向かった。

日本軍は慶尚道、全羅道、忠清道の南三道を約二ヵ月間で制圧し、秀吉の目的を達成した。

しかし、李舜臣が再び三道水軍統制使に復帰し、日本水軍を撃破した。制海権は朝鮮水軍が取り返し、海上輸送がとだえた。兵糧と補給路が脅かされた日本軍はやむを得ず、南へ向かって撤退した。行長は順天に入り、三ヵ月の突貫工事により順天城を築いた。

順天城は三方を海に囲まれた天然の要害で海に突出する丘陵上に三層の天守閣が築かれた。麓に二重の外郭を築いた。外郭ラインは直線であり、鉄砲による一斉射撃を可能とした。そして軍港を囲い込んで守り、城中心部の防御を強固なものにしている。最前線基地として築かれた順天城は兵員と物質が上陸できるように外郭と本城の間の入り江に港を作り、港に上陸した将兵を収容する駐屯基地の役割を果たしていた。上陸した軍はこの城を拠点として内陸部に出撃する。防御だけではなく、攻撃も対応できる城であった。行長は出丸に屋敷を構え、本丸には家臣が置かれていた。

明の総司令官、楊鎬、軍司令官、麻貴、軍務長官、邢玠の三将は倭の三窟の総攻撃を決めた。倭の三窟とは、鬼上官、加藤清正の蔚山城、鬼四曼子、島津義弘の泗川城、風神、小西行長の順天城である。この三城は日本軍の中でも最も勇猛を誇った武将の城であり、強くて容易に手が出せない手強い城だった。

　十二月七日、楊鎬、麻貴率いる明軍四万五千人、全軍最高司令官、権慄率いる朝鮮軍一万二千人が京城を出陣し蔚山城へ向かった。理由は加藤清正が日本軍の中で最も主戦論者であり、清正を叩けば日本軍の士気は衰えるに違いないと考えたからである。

　二十三日午前四時、明、朝鮮軍は蔚山城へ総攻撃を開始した。籠城軍は一万数千人で防衛していた。明軍は外郭を突破し、本城に迫った。清正は二の丸を守り、門を開いて出撃し、明、朝鮮軍の突入を阻止した。

　二十四日、明、朝鮮軍は三方面から本城へ攻撃をかけた。攻撃は七波におよんだが、本城を落とすことはできなかった。

　明軍の楊鎬は金応瑞に命じて、城の南側にある水源池を封鎖させた。城内では飲料水も底をつき、飢えと寒気に苦しめられた。兵士達は寒気のため多くの者が凍傷にかかり、凍死する者もでてきた。

　権慄率いる朝鮮軍は火攻めで攻撃したが、日本軍の射撃で撃退された。明軍も総攻撃をかけたが日本軍の反撃に押され、撤退した。明軍は降倭将の岡本越後を送り、清正に降伏を勧めた。清正は一月三日の会談に同意した。救援軍を待つ為、時間をかせぐ窮余の策だった。

　慶長三年（一五九九年）、清正、浅野幸長達は、

「救援がもし来なければ、上下各々決心するところあり。」

と遺書を書き、使者を城外へ送った。清正は討死を覚悟した。

一月二日、毛利秀元、鍋島直茂、黒田長政達救援軍一万三千人の軍勢は西生浦を出陣し翌三日、蔚山城郊外の南方の高地に布陣した。小西行長は兵二千人を率い順天城を出陣し、藤堂高虎達の軍と共に蔚山近海に出現した。

これを見た城兵達は生気を取り戻し、清正は明軍との会見を拒否した。援軍が迫った事を知った明、朝鮮軍は一月四日午前零時、総攻撃を開始した。楊鎬、麻貴は自ら陣頭に立って全軍を指揮し、突撃を開始した。籠城軍も必死に反撃し、明、朝鮮軍に四千人の死傷者を出させた。

そして到着した救援軍は明、朝鮮軍を背後から包囲した。小西行長、藤堂高虎達率いる軍船九十隻が、蔚山城下の大和川に突入した。

楊鎬、麻貴は後方を遮断され、退路を失うのではないかと恐れ、撤退した。清正は命懸けで蔚山城を死守したのである。

三月十五日、秀吉は壮大な醍醐《だいご》の花見を開催した。三宝院を中心とする約五キロメートル四方の山々の桜は満開だった。秀吉は三宝院に着くと秀頼と北政所、淀殿、松の丸殿、三の丸殿の正室や側室をつれ花見を楽しんだ。参加者は数千人に及び盛大に行なわれた。

しかし、その華やかな花見とは反面、周辺には二十三ヵ所の警固所がおかれ、伏見城からの道中も小姓衆、馬廻衆が防備を固めた。醍醐寺の周辺には柵が何重にも設けられ、山内には少数の関係者以外は全て立ち入りは禁止された。このような厳戒態勢をしたのは、秀吉の圧政に怨みを持つ者が、もしかしたら何かをするのではないかという不安があったのである。

事実、国内の農村は荒廃し、領民は朝鮮出兵の為、重税に苦しみ、貧しく悲惨な状態に陥っていた。中には、

「わしらがこの様なひどい目にあうのは、あのサル（秀吉）のせいだ。」

と秀吉を罵る者が続出しても、周りの者は聞いて聞こえぬふりをした。

秀吉の権威はすでに地に落ちていた。かつての平家の様に。

一世一代の花見行事が終わると、秀吉は五月五日に発病し、病床に伏せる日が多くなった。

そして八月十八日、秀吉は伏見城で生涯を閉じた。享年、六十二。辞世の歌は、

露と落ち露と消えにしわが身かな
浪花のことも夢のまた夢

（露のように、もろくはかなく消えてゆくわが身であることよ、何もかも、すべては、夢の中の夢であった）

六月頃、明軍は再び日本軍を攻撃する為、約十万の兵力を京城に結集していた。明皇帝は総司令官、楊鎬を罷免し、同職を万世徳に任命した。

八月十六日、総司令官、万世徳はまだ京城には着任していなかったが、軍務長官、邢玠

は冬が来る前に総攻撃を決行する事を決意した。明、朝鮮軍は三方面から大軍を南下させ、水軍は陸軍と呼応して海上より敵を封鎖、攻撃する為、唐津から出撃した。

東路軍　大将　麻貴
　明軍　二万四千人
　慶尚左道陸軍司令官　成允文《ソンチュンムン》
　平安道陸軍司令官　李慶濬《イキョンジョン》
　朝鮮軍　五千五百人

中路軍　大将　董一元
　明軍　一万三千五百人
　慶尚右道陸軍司令官　鄭起龍《チョンキリョン》
　朝鮮軍　二千三百人

西路軍　大将　劉綎
　明軍　一万三千六百人
　忠清道陸軍司令官　李時言《イシオン》
　全羅道陸軍司令官　李光岳《イクアンアク》
　朝鮮軍　一万人

水軍　大将　陳璘
　明軍　一万三千二百人

三道水軍司令官　李舜臣

朝鮮軍　七千三百人

東路軍は蔚山城、中路軍は泗川城、西路軍は順天城に向かった。

中路軍大将、董一元は全軍を率い南下し、九月十八日、晋州城へ入城した。兵力は増加し、三万六千七百余人に及んでいる。島津義弘は兵八千人が泗川城に入城し、迎撃態勢を整えた。明軍は九月二十日、望晋城、永春城を攻め落とし、翌日には昆陽城を攻略した。

九月二十六日に鄭起竜を先鋒とし三千の兵を先行させ、董一元は四千人の兵を率いて泗川旧城を攻撃した。旧城には城主、川上忠実と三百人の兵が守っていた。川上忠実は義弘から撤退命令を受け、翌朝、泗川城へ入城しようとしたが、その前に明、朝鮮軍の攻撃を受けた。川上達は刀槍をふりかざし、奮戦するが半数以上の兵が討たれ、川上忠実も重傷を負いながらも泗川城へ退却した。

十月一日午前六時、董一元は全軍を先鋒、右翼、左翼、本隊に分けて総攻撃を開始した。明の彭信古軍は大砲で大手門、城壁を破壊し、攻城軍は城内に迫った。

島津軍は城壁の上から火矢を射ち、火薬庫に引火し大暴発が続いた。攻城軍は混乱した。義弘はこの機を逃さず全軍に総攻撃を命じた。攻撃の命令を待ちかねていた城兵達は先を競って城門から突撃を開始した為、城門が開ききれなかった。後に「朝鮮の半扉」という伝説となった。

島津軍の猛攻でまず彭信古軍が壊滅し、次いで騎兵隊が戦場を離脱した。明軍の将、芽国器、葉邦栄、藍芳威の三将は七千人の兵を率い泗川城の後方にまわり、城中に突入しようとした。これを発見した島津忠長、横山久高、新納忠増、寺山久兼等は明軍の背後を襲撃し、撃退した。

明軍は泗川旧城へ潰走した。島津軍は全力をあげて追撃した。董一元は望晋砦で態勢をたて直し反撃したが、島津軍の追撃戦に敗れ南江を渡る際にも無数の溺死者を出し、星州へ向けて退却した。

島津軍は、この戦闘で三万三千七百の首級を討ち取った。まさに大圧勝だった。

明の西路軍大将、劉綎は三万六千六百人の兵を率い順天に向かって進撃していた。そして全国軍司令官、権慄率いる朝鮮軍一万人の兵も加わった。

明、朝鮮水軍は慶尚南道古今島に集結していた。明水軍は陳璘大将が兵二万三千二百人、朝鮮水軍は三道水軍司令官、李舜臣が兵七千三百人を率いていた。明、朝鮮軍は艦船五百隻を率い九月十四日、古今島を出発、十九日には松島付近に到着していた。

明、朝鮮軍総勢六万七千一百人の兵であり、三路軍の中では最大の戦力であった。朝鮮軍は陸、海軍の総司令官が参陣していた。明、朝鮮軍にとって日本軍の中で小西行長が最も手強い敵だったのである。

明、朝鮮軍の目的は水陸から挟撃し、総力戦をもって小西行長達を討つことであった。

順天城では小西行長、松浦鎮信、有馬晴信、大村喜前、五島玄雅の諸将が滞陣していた。行長は籠城戦に備え、兵糧、弾薬を十分蓄え、一万三千余人の精兵を率い籠城していた。

劉綎は行長に使者を送り、和議交渉を申し入れを行った。行長は劉綎の申し入れを受け、会談は九月十九日、剣丹山城近くの茶屋で開かれることになった。行長は平服のまま左右数騎を従え、松浦鎮信は軍衣を着て手数十騎と後へ続いた。一行が山尾坂（順天城から西二キロ）にさしかかった時、伝書鳩が乱れ飛び、伏兵が起こったので行長達一行は順天城に駆け戻った。行長を捕らえる計画は失敗し、劉綎は全軍を進撃させ、午後四時、順天城一帯に攻城の陣営を築いた。二十九日夕方、応元周達が戦船百余隻を率い松島付近で陳璘の水軍と合流した。

十月一日、陳璘と劉綎は会談し、二日から陸海協同して総攻撃を行うことにした。二日早朝、劉綎は全軍に総攻撃を命じ、三方面から順天城を攻撃した。明、朝鮮軍は順天城の城壁から七十メートルまで迫り、楯で身を守り、鉄砲、矢で攻撃した。敵の攻撃に対し、小西軍の兵士達は冑、鎧、具足を着けず、銃撃で反撃した。ここに行長の恐るべき先見がある。どんな鎧を着ても、銃弾を防ぐことはできない。ならば兵士の機動性を優先し、鎧を着ない方がよい。これが、どれほど先進的な着想かといえば、日本で兵士が鎧、冑を着用せず戦争をする様になったのは二百七十年後の幕末になってからである。

城壁では両軍が攻防を続けていた。明軍は飛楼（城中を高い所から見下ろす為の背の高い車）、雲梯（城壁を乗り込える為の折りたたみ式のはしごを搭載した台車）、防車、大砲等の大型攻城兵器を移動させるが、重い為、容易に前進しない。城兵は城壁の上から鉄砲で一斉射撃を浴びせた。明軍の兵士は狙い撃ちにされ、倒れる者が続出した。松浦鎮信、有馬晴信、大村喜前、五島玄雅は兵を率い城門を開き、明軍に斬り込んだ。乱戦の末、明軍の兵士達は斬り殺され総崩れとなり退却した。小西軍は残された大型攻城兵器を焼き払い、城に帰った。明、朝鮮軍の戦死者は八百人を超した。

明、朝鮮連合艦隊六百隻が順天城城下へと殺到した。李舜臣の朝鮮水軍が先頭に立ち、茅《かや》を積み上げた古船に着火し、風上より船入へ突入させ、艦砲射撃で城内を攻撃した。

これに対して小西行長、宇都宮国綱が率いる籠城軍は大砲で反撃した。大砲から放たれる巨弾は次々と朝鮮水軍の板屋船、亀甲船を撃破していく。城壁に近づいた戦船には鉄砲で応戦した。朝鮮水軍は多くの戦船が撃沈され、指揮官の黄世得《ホアンセドウク》、軍官の李清一《イチョンイル》が戦死し、朱義壽《チュウイス》、金声玉《キムソンオク》、柳珩、宣義門《ソンウイムン》、宋尚甫《ソンサンボ》が負傷した。明水軍の戦船も大砲で撃破された。

明、朝鮮連合艦隊は多くの死傷者を出し、干潮とともに撤退した。

十月三日、劉綎は陳璘と夜襲を約束した。

明、朝鮮連合艦隊は麗水海峡に結集した。陳璘は劉綎の陸軍がすでに順天城に入ったものと思い込み、午後九時頃、百二隻の戦船を率い夜潮に乗じて出航し、夜半に城下に近づいた。明水軍の戦船は海岸の岩場まで接近し順天城に向かって砲撃した。順天城の矢倉は砲撃を受け崩れ落ちた。明軍の兵士も上陸し、海岸で小西軍の兵士と白兵戦が展開された。小西軍も砲撃で明水軍の戦船と応戦し、戦船を撃破するが防戦一方だった。だが行長は、あるものを待っていた。干潮である。

小西軍と、明、朝鮮連合艦隊が死闘をくりひろげているのに対し、劉綎の陸兵は動かなかった。太鼓を打ち、勝鬨をあげさせるだけだった。朝鮮側の権慄、李徳馨が出撃を要請するが、劉綎は応じなかった。二日の敗戦で小西軍を恐れた事と、泗川城戦の敗報を聞き、戦意を喪失したからであった。

順天城の突破は目前である。陳璘は明軍の全戦船に猛攻を命じた。戦船からの砲撃は次々と城壁、櫓を撃ち崩していった。籠城軍は他所から材木を運び、俵を積んで修理を施し必死に耐えていた。しかし、明、朝鮮連合艦隊の足元には干潮がせまっていた。

陳璘が気づいた時はすでに遅く、明水軍は二十隻、朝鮮水軍は七隻の戦船が浅瀬にとり残された。行長は大軍を率い敵の戦船を襲撃した。明、朝鮮軍の兵は進撃してきた小西軍に討ち取られ、退却する戦船を追いかけて海を泳ぐ兵士達もいたが、溺死する者も多かった。浅瀬に残った戦船は焼き払われた。上陸した二千人以上の兵の内、生還したものは百四十人ほどであった。

陳璘は劉綎の約束違反に激怒し、劉綎を責めた。劉綎と陳璘の関係は険悪になり、李舜臣も劉綎の戦意喪失と本気で日本軍と戦う気がない事を知り憤慨した。明軍は海軍と陸軍で仲間割れをおこしたのである。

十月四日、李舜臣は朝鮮水軍を率い、単独で順天城を攻撃したが、小西軍は砲撃で反撃し、撃退した。李舜臣はやむを得ず撤退した。

十月七日の早朝、明、朝鮮軍は再び順天城を攻撃した。しかし、これを予知していた小西軍は前日のうちに城の廻りの堀に草等を入れ、明、朝鮮軍が城を包囲した時、火をつけ退路を断った。そして城壁から銃撃と大砲で攻撃した。明、朝鮮軍は撃破され、多くの死傷者を出して撤退した。

十月八日、明、朝鮮連合艦隊は舟入りの入口にある木柵を除去して舟入りに突入し、小西軍の戦船を襲撃しようとした。小西軍は城壁から銃撃し、上陸した明、朝鮮軍を撃退した。明、朝鮮連合艦隊は舟入りの突入に失敗し、麗水へ撤退した。

十月九日、劉綎は順天城から撤退した。明、朝鮮連合艦隊も明陸軍の撤退の為、海上封鎖を解き、松島から古今島へ引き揚げた。

小西行長率いる一万四千七百人の精鋭は、自軍の四倍以上もある明、朝鮮軍六万七千百人の軍勢を敗り、常勝将軍、李舜臣率いる無敵艦隊にも勝利を収めたのである。

後年、行長の築いた城は防御力が高く、優れていたので、朝鮮は行長の築城技術を導入して城を築いたという。

明、朝鮮軍を破った行長であったが、秀吉の没した今、いかに明、朝鮮軍との戦闘を終結させ、軍勢を無事に帰国させるかが重要課題となった。

行長は順天城出丸にある屋敷に松浦鎮信、有馬晴信、大村喜前、五島玄雅を呼んだ。

行長は、

「これ以上戦をしてお互い無益な血を流す必要はない。欺騙《ぎへん》、虚言、贈賄、脅迫、どの様な手段を使ってでも、一刻も早く一万四千七百人の兵士達を国の家族の元へ帰したい。敵の兵士達にも家族はいる。非難があれば全て私が受けよう。」

と諸将に告げた。

十月二十日、劉綎は降倭の阿蘇越後守を講和の使者として順天城に送った。劉綎としても行長は手強い敵であり、これ以上戦をするより講和を結ぶ事を考えたのである。

講和の内容は明側が人質を出し、行長は城、武器を明軍に渡して撤退するというものであった。行長は講和を成功させる為、劉綎に賄賂《わいろ》を送り、同二十五日に人質が受け渡され、講和が締結された。

行長は十一月十日、順天城からの撤退を予定していた。

しかし十日当日、松島の海峡は明、朝鮮連合艦隊五百隻によって封鎖された。李舜臣は行長との和解を望まなかった。望んだのは行長との完全決着だった。

「小西行長よ、お前は敵ではあるが賞賛すべき敵であり、我が軍の幕僚に欲しいぐらいだ。お前の強さは認めよう。しかし海ではどうだ。いくらお前が陸では虎や獅子の様に強くとも、海で鮫《さめ》に勝てるとでも思うのか。」

順天城では松浦鎮信、有馬晴信、大村喜前、五島玄雅は、明、朝鮮水軍を撃破し、強行突破あるのみと主戦論が相次いだ。

明、朝鮮水軍と一番戦いたかったのは松浦達諸将ではなく、行長だった。朝鮮水軍には李舜臣がいる。水軍の猛将である行長は、李舜臣と一戦闘いたいという気持ちが強かった。

しかし今は武将の本能を優先させる時ではなかった。

「全員が無事に帰国させる事が第一であり、他にも手段があるはずだ。決戦はそれからでも遅くはない。」

行長の気迫が、かろうじて諸将達をおさえた。

十一月十四日、行長は使者を陳璘のもとへ送った。この時、行長は陳璘に猪二頭、酒二樽を送った。使者は、

「どうか退路を開き、我らを無事、帰国させてほしい。」

と願い出た。そして李舜臣にも退路を空けてほしいと陳璘に頼んだ。朝鮮は明の属国である。李舜臣といえど陳璘の命令には従うだろうと行長は考えたのである。

「金品をもっとよこせば、李舜臣にも退路を空ける様、私から命じてやる。」

陳璘も行長の強さはよく知っていた。敵に回せば行長ほど恐ろしい敵はいない。これ以上戦を継続し、軍勢を損失させるよりは、賄賂をもらい講和を結んだ方が得策である。

陳璘も行長の帰国に同意を示すようになった。

十六日、行長は馬や槍、剣、金品等を船三隻に山積みにして陳璘に贈った。

敵を殺し首級をあげ、勝ち名乗りをあげるのだけが戦ではない。人の命を助ける戦だってあるのだ。

陳璘は李舜臣に行長と講和を結んではどうかとすすめた。

しかし、李舜臣は、

「敵船は一隻たりとも返さず、倭賊と刺し違えても死ぬ。」

李舜臣は即座に拒絶した。

行長が明、朝鮮連合艦隊によって退路を封鎖されている事を知り、島津義弘、宗義智、立花宗茂、高橋統増、寺沢広高は順天城救援を決め、十月十七日の夜、島津義弘達は戦船五百隻を率い昌善島（南海島の東方の島）から出陣した。

陳璘、李舜臣は日本軍の来援の報に接し、軍議を開いた。その結果、先に日本軍の救援艦隊を撃破し、その後、小西軍の退路を再び遮断する事に決定した。

軍議後、明、朝鮮連合艦隊は順天の松島を出撃し、朝鮮水軍は南海の観音浦、明水軍は昆陽の竹島で日本水軍を待ち伏せした。

そして、陳璘から行長のもとに回答が届く。

「お前らの為に李舜臣を説得したが、拒絶された。もう二度と弁じる事はない。」

この書状を読んだ行長は大いに激怒した。

その場にいた諸将達は震え上がった。普段は女性の様に優しく怒らぬ男だけに、怒らせると怖い。

明、朝鮮軍は日本軍の中で最も怒らせてはならない男を怒らせてしまったのである。

「出陣する。もはや強行突破あるのみ。陳璘、李舜臣を討つ。」

行長は戦船三百隻を率い、順天湾から出撃した。

十一月十八日午前二時頃、露梁海峡（朝鮮本土と南海島の間の海峡）で島津義弘率いる日本水軍と李舜臣率いる朝鮮水軍が遭遇した。深夜にもかかわらず、月光によって海上を照らしていた。

戦闘は開始され、両軍は砲撃戦を展開した。両軍の兵は互いに敵の戦船に乗り白兵戦を繰り広げた。朝鮮水軍は日本水軍を観音浦の入江に追い込み、半円を描くような陣型で包囲し、日本水軍は横一列になって応戦した。戦闘は接近戦となり、両軍は混戦状態となった。

朝鮮水軍は一斉に火炎瓶《かえんびん》を撃ち込み、日本水軍の戦船数十隻が炎上した。

小西水軍は北上する途中、南海島で朝鮮軍二万人の兵が待ち構えていた。行長は南海島の敵を攻撃しようとしたが、三人の家老に止められた。荒塚中右衛門、木戸作右衛門、小西主殿介である。

「この場は我らにおまかせ下さい。殿は一刻も早く島津殿の救援を。」

行長はしばらく考えた後、

「必ず迎えに行く。決して死ぬのではないぞ。」

荒塚中右衛門、木戸作右衛門、小西主殿介は五百人の屈強な兵士を率い、南海島の鼓金《こきん》浦《うら》に上陸した。朝鮮軍二万人は鯨波の声を上げ、小西軍を襲撃した。小西主殿介達五百人の軍勢は討死を覚悟し、朝鮮軍と死闘をくり広げた。

陳璘は李舜臣に加勢すべく明水軍を率い、観音浦の沖へ出撃した。小西行長率いる水軍は明水軍に突入した。小西水軍の戦船は一斉に砲撃した。明水軍の戦船は数十隻が炎上し、撃沈された。

明水軍副大将、七十歳の鄧子龍が指揮する戦船も炎上した。小西軍の兵士達は船に乗り移り、敵勢に斬り込んだ。そして鄧子龍と二百余人を討ち取った。陳璘の旗艦は小西水軍の追撃を間一髪で免れ、戦場から離脱した。

小西行長を侮辱した代償。それは鄧子龍の死と明水軍の壊滅だった。

明水軍を撃破した小西水軍は観音浦の沖に向かった。李舜臣率いる朝鮮水軍は小西水軍を迎え撃った。小西水軍の戦船は砲撃し、次々と板屋船を撃破した。李舜臣も砲撃、火炎瓶で応戦した。

松浦鎮信、有馬晴信、大村喜前、五島玄雅達諸隊も朝鮮水軍を襲撃し、水を得た魚の如く、縦横無尽に暴れ回った。

「小西行長は陸軍の将校ではなかったのか。」

李舜臣は驚愕した。それもそのはずである。行長は元々、陸軍の将校ではない。水軍の将であり、海戦こそ行長の本領を発揮できる最高の舞台なのである。

小西水軍の安宅船と李艦隊の板屋船、亀甲船の戦艦同士の戦いは激しい砲撃戦を繰り広げ、互角の戦いを展開した。

両軍の激戦中、李舜臣と共に旗艦に乗っていた軍官、宋希立が撃たれ、倒れた。李舜臣は宋希立を救い起こそうとした。その光景を一人の狙撃兵が目撃した。小西行長の家臣、駒根木八兵衛である。射撃に優れ、数十メートル離れた所に木綿針をさげ、百発百中撃ち落としたことから懸針《かけはり》金作、下針金作と呼ばれた。後年、島原の乱で幕府軍司令官、板倉重昌は、彼に狙い撃たれて死んだという。

「あの男が李舜臣か。」

駒根木八兵衛は狙いを定めた。

「あの男を撃てば、全てが終わる。」

そして引金《トリガー》を引いた。弾丸は李舜臣の胸から背へつらぬいた。

「戦は今が急である。決して私が死んだことを知らせてはいけない。」

と言い終えると李舜臣は息を引き取った。

李舜臣の死は伏せられ、彼の兄の子、李莞が指揮をとって奮戦した。しかし小西水軍の攻勢は強く、朝鮮水軍はしだいに後退していく。十数時間の死闘の末、日本水軍は二十日、巨済島に撤退した。日本水軍は二百五十隻の戦船を失った。

行長は迎えの船を南海島へ向かわせた。荒塚中右衛門、木戸作右衛門は奇跡的に助かった。しかし、小西主殿介の姿はなかった。戦死したのである。生き残った兵士達を救出すると巨済島へ帰った。

戦闘の終わった海上には、おびただしい船の残骸と旗幟、武器、寝具、木樽や敵味方の屍体が浮流して、海は血で赤く染まっていた。

もし明、朝鮮側が行長と講和を結んでいれば、
李舜臣
鄧子龍
小西主殿介

そして多くの兵士達が戦死する事はなかったのである。

日本軍は巨済島から釜山浦へ向かった。釜山浦に集結した日本軍は十一月二十三日から順次釜山を出港して帰国の途についた。行長は全ての日本軍の撤収を見届けた後、島津義弘と共に殿軍（後退する部隊の中で最後尾を担当する部隊。敵の追撃を阻止し、本隊の後退を援護することが目的である。その為、本隊から援軍を受ける事ができず、限られた戦力で敵の追撃を止めなければならなかった。古来より武芸、人格に優れた武将が務める大役とされていた）を務めた。すでに朝鮮水軍も李舜臣を失い、強敵小西行長、島津義弘軍を追撃する気力はなかった。十二月十一日、日本軍の最後として行長は博多に到着し、殿軍の大役を果たした。

当時、世界最強であった明、朝鮮水軍を撃破し、日本軍の撤退に成功したのは、まさしく対馬海峡の奇跡であった。

もし、行長がいなければ三十万にのぼる日本軍将兵のほとんどが朝鮮半島と中国大陸で命を絶たれ、先方にもより以上の惨禍をあたえていた可能性が高かった。七年間にわたる朝鮮出兵という死闘は終結し、行長は地獄から生還した。しかし、運命は行長を手離さなかった。

朝鮮で七年に及んだ戦争は、朝鮮、日本、明に重大な影響を及ぼした。

戦場となった朝鮮では都の京城をはじめ、全国の都市、農村が戦乱の中で灰と化し、全国土がほとんど焦土と化し、国土は荒廃した。村民は戦争と飢餓で死に絶え、十人のうち、

二、三人しか残らず、全国の人口は六分の一か七分の一まで減少した。
明はこの戦争をきっかけに衰退した。朝鮮で戦をしていた時期に満州の女真族の中にヌルハチという英傑があらわれ、勢力を拡大していく。ヌルハチは独立宣言をして後金国と名乗った。後の清であり、明にかわって中国の支配者となり、明は滅亡した。

そして日本では、豊臣秀吉の引きおこした朝鮮出兵という無謀な出兵は、豊臣家滅亡というツケで返ってくる事になる。

国家が滅ぶ時は敵から侵略されるより、内部の派閥や抗争によって滅ぶケースが多いという。豊臣家も例外ではなかった。

朝鮮から帰国後、清正が先にもどって行長の臆病をあざ笑った。行長はもどってくるや、また、

「清正は朝鮮の王子を待たずに、陣営を焼き払ってあわてて退却し、和議そのものを、ほとんど成立させる寸前にぶちこわした。私と島津とは、唐の質官を連れ、落ちついて殿をつとめながら、後からもどってきたのだ。私が臆病か、清正が臆病か。」

と宣言した。毛利輝元は和議が成立しなかったのは清正のせいにし、行長の肩をもった。朝鮮の現地での事情に接した諸大名も行長を支持した。それでも清正は行長が、わが国との交渉に二心をもっていると反論した。議論はもつれにもつれ、行長と清正の反目は、ますます深まった。

行長も清正も決して愚かな人ではない。二人とも文武に優れ、秀吉にたいする忠誠心は

同じであり、優劣はなかった。秀吉が天下統一を成し遂げたのも二人の力が大きく貢献し肥後半国の大名となった。行長の場合は父の先物買い、清正の場合は母の縁故というのも確かにあったのであろう。それでも決して親の縁で大名になったのではない。チャンスをつかみ、実力があったからこそ大名になったのである。その能力は万人に優れていたのである。

しかし朝鮮出兵で行長は講話を結び、戦を早期終結に持ちこむべきと考えていたのに対し、清正は「唐入り」を実現すべく、ひたすら進撃するという戦の方針をめぐり両者は対立した。かつて良き意味での好敵手は、最悪の形での宿敵となった。

豊臣家臣団の対立、豊臣秀次一族の処刑、そして朝鮮出兵により人心は離れ、国土は荒廃した。豊臣家は滅ぶべくして滅んだのかも知れない。

朝鮮出兵で生じた論功行賞や講話問題をめぐる確執、蔚山籠城戦後の懲罰措置をめぐる確証（加藤清正達の明、朝鮮軍の追撃戦の停止と戦線縮小策を石田三成が派遣した福原長堯達が怠慢として捉え、秀吉に報告した。秀吉は激怒し、これを弾劾した）により武断派家臣団（実戦の部隊長的役割）と文治派家臣団（政務担当的役割）の対立が激しくなった。加藤清正、浅野幸長、福島正則達は石田三成を仇敵の如く嫌った。

豊臣家臣団の対立に乗じ、天下取りに動き出したのが徳川家康である。

家康の遺訓として伝えられるものがある。

人の一生というものは、重い荷を背負って遠い道を行くようなものだ。急いではいけない。不自由が普通なのだと思えば、不満は生じない。心に欲が起きた時には、苦しかった時を思い出す事だ。がまんする事が無事に長く安らかでいられる基礎で、怒りは敵と思いなさい。勝つことばかり知って負けを知らない人は、大事な時に失敗する。物事の原因や、責任は、自分を責めて他人の責任を責めてはいけない。足りない方が、やり過ぎてしまっているよりは優れている。

八歳のとき、両親と別れ、今川義元の人質となり駿府に送られた。家臣達は、

「殿は両親の愛情を知らぬ。」

と泣いたという。桶狭間の戦で今川義元が敗死すると、岡崎城に入城し今川氏から独立。織田信長と同盟を結び各地で転戦し、三河、遠江と勢力を拡大していく。本能寺の変後、秀吉と対立し、小牧長久手合戦で戦略的勝利を収めるも外交戦略に屈し、秀吉に臣従。小田原攻め後、秀吉から関東移封を命じられ、先祖伝来の地と、数々の合戦で苦労して獲得した領土から去った。忍耐に忍耐を重ねた男が遂に立ち上がったのである。

慶長四年（一五九九年）二月九日、石田三成は茶会を開き、小西行長、神屋宗湛、石田正澄（三成の兄）、宇喜多秀家、伊達政宗が招かれ、長崎から到来のブドウ酒が出され、振る舞いを受けている。

徳川家康が前田利家の病気を見舞った後、藤堂高虎の邸に宿泊した。石田三成は宇喜多秀家の邸に奉行達を集めた。行長は、

「今、家康は藤堂高虎の宿所にいる。藤堂は小身だから護衛が少ない。今夜、味方を集め、

運を天にまかせて藤堂邸を襲えば勝利はまちがいないだろう。この機を逸せば悔いを後に残し、取りかえしのつかない事になってしまう。」

と家康襲撃を主張した。三成の重臣、島左近は行長の主張に賛成した。しかし、増田長盛は優柔不断であり、前田玄以も臆病で、誰も積極的に賛成しなかった。行長は憤慨し、自分の邸に帰った。もし、この計画が実行され、家康を討ち取る事ができれば、関ヶ原の合戦もなく、歴史は大きく変わっていたかも知れない。事実、行長が主張した通り、この機を逸したばかりに家康の勢力は拡大し、豊臣家にとっては取りかえしのつかない事になったのである。

三月三日、家康と並ぶ巨頭、前田利家が病没すると、加藤清正、福島正則、黒田長政、池田輝政、細川忠興、加藤嘉明、浅野長政の武断派七将が石田三成の襲撃を実行した。三成は事前に佐竹義宣の助力を得て、大坂からのがれ、伏見城内の自身の屋敷に逃れていた。三加藤清正達は兵を伏見に集め、伏見城内の三成と睨みあいの状況となるが、家康が仲裁に入り和談が成立した。三成は家康から五奉行からの引退を承諾した。三月十日、三成は行長の警固のもとに伏見をたって佐和山城（滋賀県彦根市）に帰城した。行長が警固していた為、流石《さすが》の清正、正則達武断派の武将達も手が出せなかった。

石田三成追放後、家康は行長を自分の陣営に引き入れようと努めた。

家康は行長を高く評価していた。朝鮮出兵での華々しい武功と戦功、石田三成に対して示している友情に大いに敬意を表し、称賛した。そして行長を称賛することに何ら制限をつけることができず、栄誉をもって敬意を表した。その後、家康はしきりに行長と親交を結び、大いに好意を示した。

そして家康は自身の曽孫と行長の嫡子、兵庫頭の結婚を申し出た。この曽孫は家康の嫡子、信康と織田信長の娘、徳姫との間に生まれた娘の子女であり、親等では福島正則の養子、正之と結婚した満天姫とほぼ等しく、家康の血を引くという点ではより近い血縁といえる。

家康にとって、朝鮮、明と国交を回復し、行長の軍事力、そして朝鮮出兵で行長が率い、勇戦したキリシタン大名達（松浦、有馬、大村、五島達）を味方にする為にも絶対に行長は必要な存在であったのだ。

家康に懇望され、一応その結婚は承知したが、味方になる事は辞退した。それでも家康はあきらめず、行長に味方になる様、説得を続けたのである。

行長は朝鮮の捕虜が奴隷に売られるのを救い、百六十名を朝鮮に送還した。そして捕虜の子供達をイエズス会の学校に頂け、朝鮮人の救済に力を尽くした。

宇喜多家で御家騒動が発生した。譜代の重臣、宇喜多詮家（坂崎直盛）、戸川達安、花房職之、岡貞綱の四人は長船綱直を毒殺した。宇喜多秀家はこの騒動の首謀者を戸川達安として暗殺を図るが、宇喜多詮家が戸川達安を匿い大坂玉造の自邸に籠り、大坂で両者が市街戦を起こしかねない事態となった。徳川家康が調停した為、市街戦は回避されたが、この騒動で宇喜多家譜代の家臣団や一門衆の多くが宇喜多家を去った。宇喜多家の家臣団は崩壊し、戦力は一挙に失われた。

行長は肥後に帰国したが、かつて秀吉が生前に「たぐいまれなる美国」と称えた肥後は見るかげもなく荒廃し、宇土城下もさびれ、領内の財政状況は悪化した。行長はポルトガルとの対外貿易で利潤を獲得し、悪化した財政状況の立て直しを図った。

朝鮮出兵で日本軍の主力として戦い続けた代償も大きかった。行長の弟、与七郎、主殿介を始め優秀な一門衆や家臣、兵士達を多く失い、残された妻子や父母同胞は悲しみに明け暮れた。

行長はしばらくの間、年貢を厳しく取り立てぬ様、諸役人に命じ、戦で疲れ切った家臣達には充分な休息を命じた。しかし、戦士達の休息は長くは続かなかった。

慶長五年（一六〇〇年）、一月中旬、行長は出発直前、島津義弘に、

「次に肥後へ下国した際には必ず参上し、いつもお世話になっているお礼を述べたい。」

と書状を送っている。しかし、行長は二度と肥後に帰る事はなかった。

行長は肥後から大坂へ向かう途中、長崎に立ち寄り、イエズス会日本副管区長、ペドロ・ゴーメスの葬儀に参列している。その後、行長は大坂で孤児院や病院の援助や整備、修道院建設を実施した。

奥州会津百二十万石の大守、上杉景勝は家臣の直江兼続に命じて神指城を築城させ、領内の諸城の修築、武器を調達、兵糧を蓄え、多数の浪人を召し抱えるなど軍事力を増強していた。この上杉景勝の行動は、周辺の大名も知るところとなり、最上義光や堀秀治達に

よって家康に報告されていた。家康は景勝に誓紙の提出と上洛しての釈明を要求した。

これに対して直江兼続は、家康の要求をはねつけて、挑戦状にも等しい返書を送った。「直江状」である。五月三日、直江状が家康の元に届けられ、激怒した家康は景勝の征伐を決意する。六月十六日、家康は総大将となり、会津討伐軍を率い、大坂から出陣した。

一方、佐和山城に隠居していた三成は、家康の会津出陣の報を受けると、この隙に乗じて行動を開始した。三成は大谷吉継に家康を討つ計画を伝えた。大谷吉継は、

「無謀であり、三成に勝機はない。」

と反対したが、三成の必死の説得により、大谷吉継は敗戦を覚悟し三成と共に戦う事を決意する。吉継は三成に、

「貴公の態度には横柄なところがある、と諸侯や下々の者から評判が悪い。人の上に立って事を成し遂げるのには人望がないといけない。今度の大事についても、毛利輝元、宇喜多秀家を上に立て、貴公はその下に立って事を運ぶようにする事。そして知恵と才覚において貴公に並ぶ者はいないが、勇気が不足している。誰よりも先に命を棄てる覚悟を決めてほしい。」

と忠告した。

三成は上杉景勝と連絡をとりながら、家康を東西から挟撃しようと企てた。そして安国寺恵瓊と増田長盛にも協力を求め、毛利輝元を西軍の総大将にかついだ。七月十七日、三成は家康に対する十三ヵ所からなる弾劾書を全国の諸大名に配り、家康に宣言布告した。

三成は諸大名に挙兵を呼びかけた。その諸大名の中には行長も含まれていた。呼びかけは三成だけではなく、家康からも「会津への出陣」に保す使者が次々と行長の元へ催促した。

行長は悩んでいた。先見の明がある行長は、もはや天下は家康のものになると予測していた。朝鮮出兵に出陣していない為、将兵達は一人も失わず、最大の領土と最強の戦力を保有し、武勇知略も一流で人望も厚い。現在、家康に対し、正面切って対抗する実力者は誰もいなかった。

それに対し、もし石田側に味方すれば、敵は家康だけではない。肥後には加藤清正がいる。清正は並の武将ではない。朝鮮出兵では〝鬼上官〟と敵から怖れられ、文禄の役では日本軍の中で唯一、朝鮮の国境を越えて明のオランカイへ侵攻した。慶長の役では蔚山城で凄絶《せいぜつ》な籠城戦を戦いぬき、明、朝鮮軍を撃退している。石田側につけば家康と清正の両方と戦う事になる。行長は天草合戦で清正の軍事行動を今でも覚えている。敵に回せば女でも容赦なく殺した。もし、家康との決戦で勝ったとしても、国に帰れば愛する家族や一族、家臣達が加藤清正の軍勢に皆殺しにされる可能性もある。

領土を返上し、商人に戻る選択もあった。

行長は最も過酷な道を選んだ。それは恩義のある太閤殿下に殉ずる、敗北を覚悟で三成の挙兵に応じたのである。その後、行長はオルガンチーノ、モレホン両神父にすべてを打ち明けた。神父達は、

「家康は有力な大名であるとともに、強大な兵力の所有者であるから、戦えばおそらく行

長にとって不幸な結果になるだろう。だから、石田側につくのはやめた方がよい。」

と忠告した。しかし、行長の決意は変わらなかった。

三成は行長という強き味方が応じてくれた事に対し、大いに喜んだという。

行長は九州の諸大名に檄文を送り、西軍に参加するよう要請した。立花宗茂、鍋島勝茂、島津義弘、毛利秀包、毛利勝信、大村喜前、松浦鎮信、有馬晴信、相良頼房、宗義智、五島玄雅達かつて朝鮮出兵で苦薬を共にした戦友達が行長の檄文に応じ、続々と出陣していった。しかし、只一人行長の檄文に応じなかった武将がいた。寺沢広高である。寺沢広高は家康から取次としての役割を果たし、家康に接近し東軍へ参加した。この両雄は関ヶ原で戦う事になる。

行長は九州の諸大名を味方に付ける事により、清正の包囲網を築きあげた。清正の宇土城侵攻に備える為である。この包囲網は清正を震撼させた。この構想は後に有馬、大村の寝返りにより潰える事になるが、それでも宇土城攻防戦では島津、相良が小西勢の救援に駆けつけ、加藤軍と戦ったのである。

加藤清正は家康に東軍の従軍を希望したが、家康は肥後に残る様に命じた。家康としては行長が東軍に参加するのが絶望的になった今、清正の戦力は喉から手が出るほどほしい。しかし、清正は他の豊臣恩顧の武将と違い、思慮深い一面がある。清正の一声で豊臣恩顧の大名達が西軍に流れる可能性も否めない。ならば、清正が肥後に残る事により、行長の主力を肥後に引き止めた方がよいと考えたのである。清正が行長の主力を肥後に引き止め、西軍の城々を攻め落としたのは確かに家康にとって貢献は大きかった。しかし、その結果、家康の天下取りに手を貸し、豊臣家を滅亡に追い込む結果になるのだが、清正は知るよしもなかった。

三成の挙兵を知った家康は会津征伐を中止、七月二十五日、徳川秀忠はじめ全軍の諸将を小山の陣所（栃木県）に集め、小山評定を開いて今後の対策を協議した。そして上杉景勝と常陸（茨城県）の佐竹義宣に対しては結城秀康の軍勢を抑えとして残した。家康は上方へ進行し石田三成達の討伐に向かった。東軍は二手に分け、家康率いる旗本部隊と豊臣系武将の軍勢は東海道を進み、徳川秀忠率いる徳川系武将は中山道を進行した。そして両軍は美濃、近江方面で合流し、石田方西軍との決戦に臨んだのである。

石田三成の挙兵の檄文に賛同した諸大名が続々と大坂城へ結集した。毛利秀元、小早川秀秋、宇喜多秀家、島津義弘、立花宗茂、小西行長、鍋島勝茂、長宗我部盛親、吉川広家、大谷吉継、安国寺恵瓊、毛利秀包、増田長盛、長束正家達の諸将で総兵力は九万五千人に及んだ。

行長は大坂城へ入城したが、加藤清正に備え、主力や重臣達を肥後に残した。そして西軍の戦闘開始があまりにも急激だったので、軍を十分に準備できなかった。行長には豊臣家からの与力衆の軍勢がつけられた。行長が率いる軍勢は六千人。しかし、その主力は朝鮮出兵で勇名を轟かせた精鋭ではなく、傭兵などの寄せ集めであった。

西軍は大坂城から出陣した。最初に戦端が開かれたのは伏見城であった。伏見城は家康の老臣、鳥居元忠が主将であり、千八百人の兵を率い守備についていた。

七月十八日、西軍は毛利輝元の名で鳥居元忠に開城を要求するが、元忠は拒否。翌十九日、西軍は伏見城を包囲し、夕方から攻撃が開始された。宇喜多秀家、小早川秀秋、毛利秀元、島津義弘、小西行長、吉川広家、長宗我部盛親達四万の大軍で、連日攻撃した。鳥居元居率いる守備兵も頑強に反撃し、攻城戦は長引いた。長束正家は甲賀衆が守る松の丸に矢文を投げ込み、

「城内に火を放って内応せよ。もし同意しなければ甲賀にいるお前達の妻子を磔にする。」

と伝えた。

八月一日、甲賀衆四十人は松の丸に放火し、城外へ脱出した。火は城内に燃え移り、大混乱におちいった。西軍は大手の鉄門を突破、松の丸、名護屋丸を占領し、本丸へ突入した。城兵は五回突撃し、必死に反撃したが、午後三時、鳥居元忠をはじめ、城兵はすべて戦死し、伏見城は落城した。

西軍は尾張を決戦場として東軍を撃滅する作戦をたてた。その為、畿内に残る東軍の諸城を各個撃破し、総軍を三軍団にわけ伊勢方面、美濃方面、北陸方面の三方面に進撃を開始した。八月二十四日に古田重勝の松坂城、八月二十五日に富田信高の津城、九月十三日に細川幽斎の田辺城、九月十四日に京極高次の大津城を、落城もしくは開城させ畿内を制圧した。

一方、東軍の先鋒部隊は西軍に属していた織田秀信の岐阜城を八月二十三日に落城して

いる。

小西行長は島津義弘達諸部隊と共に美濃方面に進撃し、九月三日に大垣城に入城した。

石田三成が九月十二日付で、増田長盛に送った書状は飛脚が配送中に大津で東軍の手に奪われ、家康に渡された。その中の一文に、

「宇喜多秀家の覚悟は見事である。島津義弘、小西行長も同様である。」

家康はその一文に目を通した。西軍の中で本気で戦う気があるのは宇喜多、島津、小西である。この三将は確かに強い。その強さは西軍だけではなく、東西両軍の中でもトップクラスだろう。しかし、宇喜多秀家は御家騒動で家臣達が離れ戦力は半減、島津義弘の兵力は千五百人と少数であり、小西行長は主力を肥後に残しているから軍は寄せ集めの集団であった。もし決戦になった場合、宇喜多には福島正則を主力とした軍勢を、島津には徳川譜代の軍勢で牽制《けんせい》、そして小西の寄せ集めには寄せ集め。家康は老獪《ろうかい》である。石田三成隊を総力をあげて叩けばいいのだ。

岐阜城を攻略した東軍は大垣城北西四キロの赤坂に集結し、家康の出陣を待つことになった。九月十四日、家康は中山道を挟んで南側の岡山に着陣した。岡山は大垣城の北西五キロにある。家康の着陣を知った西軍はひどく動揺した。三成は島左近に五百人の兵をつけて城から出陣した。この後に宇喜多秀家の武将、明石全登が率いる八百人の兵が続いた。宇喜多秀家、石田三成、小西行長は杭瀬川手前の池尻口に出陣した。緒戦で敵を破り、味方の動揺を抑えるとともに、士気を上げる狙いもあった。

島左近の軍は杭瀬川を渡河し、東軍の陣所近くに放火して敵を挑発した。中村一栄隊と有馬豊氏隊が挑発にのって攻撃を開始する。それを見た島左近は敵と応戦した後、軍を退却させた。中村、有馬両隊は杭瀬川を越えて追撃した。そこへ明石全登率いる八百人の伏兵が背後から襲撃した。中村、有馬両隊は潰滅状態に陥り、家康はこのままだと全滅するとみて、両隊に撤退を命じた。西軍も追撃せず、大垣城に引き揚げた。西軍は緒戦の勝利にわきかえり、士気は大いに上がった。

島津義弘は、

「この勢いに乗って、家康の本陣に夜襲をかけよう。敵は連日の行軍で疲労しているから、今が夜襲の好機である。」

小西行長、宇喜多秀家も義弘の夜襲案に賛成した。しかし三成は、

「現在の戦力で東軍と戦うのは不利である。関ヶ原まで退いて味方の多勢と合流して東軍と戦おう。」

三成の意見に行長は反対した。行長はこの決戦に必ず勝たなければならない理由があった。行長の領国、宇土は加藤清正軍が侵攻する。一刻も早く決戦に勝ち、救援に向かわなければならなかったのである。

「なんという臆病者の考えなのか。戦というものは五度も六度も負けても一度大勝利を収めればよいのだ。今は国内を二分して戦っているのだから十回二十回の勝敗はあるのは決まっている。岐阜城が落とされたといって退却すれば、敵に勢いを与えるようなものであ

る。戦というものは、前に向かって出るもので、それが士気を高める。杭瀬川の戦い、そして大津、田辺、安濃津、伏見などすべて勝っている。東軍は七万五千人、それに対し味方の軍は十三万八千人、二倍の戦力があり、今この軍勢で東軍と戦うべきである。味方の軍を三つに分けて、一手は家康の陣を襲い、一手は家康の陣近くにいる隊を攻め、一手は諸方からの援軍に備えよう。もしここで怖気づいて退却すれば、敵はさらに勢いに乗って攻め込んでくる。家康は今日赤坂に着いたのだから、将兵達は疲労しているはず。今夜、襲撃するべきである。」

三成は行長の夜襲案を容れなかった。

「味方の中にも敵に心を通じている者が大勢いる。夜襲を策してもすぐに敵に伝わるから成功しないだろう。」

行長はなおも反対し、

「夜襲が気にいらなければ仕方がないが、大垣城から関ヶ原まで退くのは最悪の選択だ。退けば虎でも鼠となるのが戦の習いである。もし、ここを退けば味方は勢いを失い、敵に寝返る者も出てくるかも知れぬ。逆に敵は勢いを得て勝ち戦のような気になり、戦は決して勝てない。」

しかし行長の意見は通らず、関ヶ原で東軍と戦うことになった。

「味方を疑うような状態では合戦はできぬ。臆病神がついたら百万騎の軍勢があろうとも、必ず負ける。勇気のある者は一人もいないようだ。」

行長は座を立った。夜襲に同意した宇喜多秀家、島津義弘も行長に続き憤慨して席をたった。

三成が頼りとしていた三人の勇士達は三成に愛想をつかしてしまったのである。

もし、夜襲が成功していれば、西軍は勝っていた可能性は高かった。遠征した東軍は到着したばかりで疲労しており、戦える状態ではなかった。この時期に夜襲をかけていれば、味方の中にいる内応軍も裏切る事が出来ず、戦いに加わり、東軍を撃破したはずである。

しかし関ヶ原に後退した事により野戦を得意とする家康の策にはまってしまった。家康は攻城戦は苦手で、常に野戦で勝利を収めている。行長はそれを知っているからこそ、夜襲案を主張したのである。

西軍は東軍に勝てる最後のチャンスを永遠に失ってしまったのである。

九月十四日午後七時頃、西軍は秘かに大垣城を出て関ヶ原に向かった。行進の順序は、第一隊石田三成、第二隊島津義弘、第三隊小西行長、第四隊宇喜多秀家の諸隊であった。

石田三成隊六千人は笹尾山に布陣。島津義弘隊千五百人は三成の陣地の東南三百メートル離れた小池村に布陣。小西行長隊六千人は島津隊の右手、北天満山を背にして二段に布陣。陣所の前面に土塁が築かれた。宇喜多秀家隊一万七千人は南天満山の前に五段構えで布陣した。関ヶ原の西南、山中村の藤川の台に大谷吉継の本隊六百人と戸田重政、平塚為広達千五百人が布陣。藤川対岸の中山沿いの左右の山に大谷吉勝（吉継の子）、木下頼継（吉継の甥）の千人が布陣。松尾山には小早川秀秋隊一万五千人、松尾山の麓には脇坂安治、小川祐忠、朽木元継、赤座直保の諸隊四千二百人が布陣した。南宮山方面には毛利秀元、吉川広家、長宗我部盛親、長束正家、安国寺恵瓊各隊三万余人が布陣。関ヶ原に出陣した西軍の総兵力は八万四千人。鶴翼の陣で東軍を包囲した。東軍の総兵力は七万五千人である。

行長は北天満山に布陣した後、家臣達に言った。

「三成がこれほど臆病者とは知らなかった。三成の為に犬死してしまうのは残念だが、今となっては何を言っても仕方がない。これも自分に人を見る目がなかったからで、誰も怨んではいけない。皆の長年の軍功が無くなる事は無念だが、前世からの約束と思い諦《あきら》めてくれ。今度の戦は最後の戦となるから速やかに討ち死にし、名を後世に残そうではないか。」

そして部下を集め、決別の宴の後、夜が明けるのを待った。

午前八時、福島正則は六千人の兵を指揮して前進。鉄砲衆八百人が宇喜多隊に一斉射撃を加えた。時を同じくして石田三成の笹尾山、小西行長の北天満山、黒田長政の丸山から狼煙が上げられ、戦闘開始の合図がなされた。立ちのぼる狼煙を合図に東西両軍は突撃を開始、天下分け目の決戦の火蓋は切って落とされた。

豊臣家の中でも屈指の猛将、福島正則と、戦国時代の貴公子、宇喜多秀家の両隊が正面から激突した。黒田長政、細川忠興、加藤嘉明、生駒一正達諸隊は石田三成隊に向かって一斉に攻撃を開始。藤堂高虎、京極高知、寺沢広高隊は大谷吉継隊と激突する。松平忠吉と井伊直政隊は島津義弘隊の隊に向かって突撃する。金森長近、田中吉政、織田有楽、古田重勝、筒井定次、戸川達安、宇喜多直盛、一柳直盛達諸隊は小西行長隊へと殺到していく。金森長近は織田信長の赤母衣衆（小姓衆（信長の親衛隊や直属部隊）のうち特に武勇の優れた者）として仕え、美濃攻略、長篠の戦い、対越前一向一揆等、数々の戦功を重ねた百戦錬磨の武将だった。織田有楽は天下布武を成し遂げた織田信長の弟、戸川達安、宇喜多直盛はかつて行長と共に宇喜多家に仕えていた。戸川達安は宇喜多家に仕えていた時は、常に宇喜多軍の主力として出陣、戦陣で武勇や知略を発揮して数々の戦功を挙げ、根白坂の戦いでは島津軍と戦い、大勢の敵兵を討ち取った猛将である。

行長を討ち取れば莫大な恩賞を手にいれ、平時では望み得ない加増にあずかり、後世に名を残せる。東軍諸隊は小西行長の本陣に猛然と攻めかかっていく。

行長は前面の戸川達安、宇喜多直盛両隊を見て一瞬、ためらった。しかし、

「かつては一緒に宇喜多家に仕えていた仲とはいえ、主君（宇喜多秀家）に弓を引く者を許す訳にはいかない。」

行長は心を鬼にした。行長は敵が射程内に入るまでひきつけるだけひきつけた。そして眼前に敵が迫るにおよんで、鉄砲隊の銃から一斉に火を噴いた。行長の本陣の目前に迫った東軍の諸隊が倒れていく。鉄砲隊は容赦なく一斉射撃を浴びせる。多くの将兵が殺され、狼狽し、ひるんだところへ柵から槍隊が穂先をそろえて反撃した。小西隊に猛追され、東軍諸隊は総崩れとなって敗走し、緒戦で早々と崩壊した。金森長近、戸川達安、筒井定次、田中吉政、織田有楽諸隊は小西隊の猛攻の前に転戦を余儀なくされ、石田三成隊へ向かった。

小西隊に破れた織田有楽だったが、石田三成隊との戦では三成配下の強者である蒲生頼郷と戦い、これを討ちとるという大手柄を立て、

「有楽の武辺末の初物」

と言われ、織田一族の意地を見せた。

「小西行長、恐るべし。」

桃配山の本陣から天満山の激戦を眺めていた徳川家康は絶句した。家康は側近の者に言った。

「もし行長が、朝鮮出兵で講和を締結し、九州が手に入っていたならば、余は今度の戦をおこす事はできなかった。なにが幸いするかわからぬものだ。」

宇喜多隊と福島隊も激闘を繰り広げていた。

福島隊の先鋒、可児才蔵は宇喜多隊に突撃した。可児才蔵は戦場の手柄首に笹の葉を含ませて棄ててくるので、「笹の才蔵」の異名をもつ勇者である。

これに対して宇喜多隊は明石全登達が率いる前衛隊が反撃し、福島隊の先鋒は後退する。

宇喜多隊の攻勢は続く。鉄砲隊で攻撃し、福島隊が崩れたところを槍隊が突撃し、続いて騎馬隊が猛襲を加えた。福島隊は死傷者が続出し、五百メートル後退した。宇喜多隊は福島隊を圧倒した。

福島正則は陣頭に立ち叱咤激励する。

「退くな。退くな。敵には後続の兵はいない。押し返せ。」

福島隊は態勢を立て直して反撃するが、福島隊の後退は止まらなかった。

石田三成隊には東軍諸隊が殺到した。黒田、細川、加藤、生駒諸隊が突撃し、緒戦で小西隊に破れた金森、田中、織田、戸川、筒井諸隊が合流する。

石田隊六千人は兵を三手に分け、島左近の部隊は柵の前面、蒲生郷舎の部隊は柵の内側に配置し、三成は山頂に本陣を置いた。

まず、先陣の黒田隊と島左近の部隊が銃撃戦をくり広げた。島左近の部隊は突撃し、田中、金森諸隊と交戦、田中勢を突き崩し、三百メートルも追いたてた。崩れた田中勢に代わり、加藤、細川、黒田諸隊が攻め込んだ。

細川忠興は三人の息子達と大刃を振るい勇戦。黒田家の家臣、後藤又兵衛は石田家家臣、大橋嘉門に一騎討ちを挑んだ。豪勇同士の一騎討ちの戦いは後藤又兵衛の勝利に終わり、大橋嘉門は討ち取られた。

黒田長政は別動隊を編制し、小丘に駆け登り、島隊の左側面から銃撃した。島隊の兵士達は次々と倒された。そこへ生駒一正、戸川達安の率いる鉄砲隊が攻撃する。島隊の大半が撃たれ壊滅し、島左近も被弾し戦線から離脱した。東軍諸隊は三成の本隊に向かって突撃した。三成は五門の大砲で一斉に砲撃し、東軍諸隊を撃退した。島左近は重傷の身をおして再び戦線に出て戦っていたが、その後戦場の中で姿を消した。

大谷吉継隊は、藤堂、京極、寺沢諸隊を引きつけて奮戦した。

大谷吉継は賤ヶ岳合戦では最前線で勇戦し、七本槍に匹敵する活躍をし、三振の太刀と

賞賛される大手柄を立てた。紀伊征伐でも従軍し、紀伊勢の杉本荒法師を討ち取り武功をあげた。秀吉から、

「吉継に百万の兵を与えて、指揮させてみたい。」

といわれたほどの逸材であった。しかし、重度の病を患い顔も崩れ、失明。歩行も不自由になり、白い頭巾を被り、輿に乗って兵を指揮していた。配下の戸田重政、平塚為広達は東軍諸隊を撃破し、藤川を越えて進撃した。大谷隊に破れた寺沢広高は標的を小西行長隊に変えた。

緒戦で東軍諸隊を撃破した小西行長隊に新たな敵が現れた。かつての朝鮮出兵での戦友、寺沢広高である。広高は露梁海戦で行長、島津義弘達と共に李舜臣艦隊を撃破した実力者である。只、自分の才を売り込む型の人間ではない為に、注目度が低いだけなのである。

寺沢隊は小西隊に突撃した。

「寺沢広高か。相手にとって不足なし。」

小西行長は寺沢隊を射程内に引きつけ、射程内に入った後、一斉に鉄砲隊は銃弾を射ち込んだ。寺沢隊は死傷者が続出した。

「槍隊、かかれ。寺沢広高の首を討ち取るのだ。」

行長は槍隊に号令をかけた。槍隊は寺沢隊を蹴散《けちら》し、突入していく。寺沢隊は小西隊に圧倒されて敗退した。隠れた実力者、寺沢広高であったが、行長の敵ではなかった。

小西隊に敗れた寺沢隊は宇喜多隊の側面に向かって攻撃した。大谷隊は援軍の為、宇喜

多隊の救援に向かった。これに対し、藤堂、京極隊は大谷隊の前進を阻み、激戦となった。

西軍で参戦しているのは石田隊、小西隊、宇喜多隊、大谷隊の三万二千六百人ほどであり、東軍の半数にも満たない。それでも西軍は倍以上の東軍を圧倒し、小西行長、大谷吉継をはじめとする西軍諸将の奮戦により、戦況は優位のうちに展開していた。

「あの寺沢広高までもか。」

家康も寺沢広高の実力は認めていた。その寺沢隊を行長は一撃の下に打ち破ったのである。桃配山の本陣にいる家康は味方の大苦戦に苛立った。宇喜多秀家隊は福島正則隊を圧倒し、大谷吉継隊は藤川を越えて進撃。小西行長隊は緒戦で東軍諸隊を撃破し、続いて寺沢広高隊に圧勝している。

誤算は続く。東軍の大軍が石田三成隊に集中して攻撃している。ここまでは家康の計算通りであったが、石田三成の予想外の抵抗により、東軍に一歩も引かず善戦していた。

焦った家康は直属三万人を率い桃配山から二キロメートル前進し、激戦地間近にある陣場野に本営を置いた。家康本陣の勇姿を見た東軍諸隊の士気は高まり、黒田、加藤、細川達諸隊は石田隊に猛攻撃を再開、石田隊の前衛を突破、柵内へ追いつめた。

島津義弘は石田隊の苦戦を傍観するだけで救援しようとはしなかった。前日の軍議で夜襲案が受け入れられず、石田三成に見切りをつけていた。三成は島津隊の援軍を求めようと、先鋒の島津豊久（義弘の甥）に参戦を促した。豊久は、

「今日の戦いは、各隊がそれぞれ各個の戦いに全力をつくすのみ。前後左右の隊の戦いを

かえりみている暇はない。」

　と拒否した。

三成はやむを得ず自陣に戻った。そして陣地に戻ると、すぐさま狼煙《のろし》を点火して松尾山の小早川秀秋と、南宮山の毛利秀元達に合戦参加の合図を送った。

　南宮山に布陣した毛利秀元は西軍本営からの合図を見て出撃しようとした。

　毛利秀元は朝鮮出兵では勇敢な若武者振りを発揮し、七人の大将が攻めて陥せなかった普州城を攻略し、忠清南道では明軍と戦い、苦戦している黒田長政の救援に駆けつけ明軍の側面に突撃して撃退している。蔚山城の戦いでも加藤清正を救援し、他の諸大名と共に明、朝鮮軍を破っている。朝鮮半島の戦場では秀元の指揮下で見事な戦ぶりを見せている。関ヶ原合戦でも毛利輝元の代行として秀元を毛利軍を指揮する総大将に抜擢している。

　しかし、勇敢な毛利秀元の進軍を止めた武将がいた。吉川広家である。

「動くことまかりならぬ。秀元殿の兵にも道を空けるな。」

吉川広家はすでに家康と毛利輝元の無罪と本領の安堵という条件で戦闘不参加を約束していた。先鋒の吉川広家隊が前面に布陣していた為、毛利隊は動けなかった。

安国寺恵瓊、長束正家、長宗我部盛親の戦意は高く、毛利秀元の元へ何度も合戦参加を要請している。

　安国寺恵瓊は僧ではあるが、武将としての才能はあった。小田原合戦では脇坂安治、長宗我部元親と共に下田城を攻略している。肥後国人一揆でも武功を挙げ、朝鮮出兵では忠清道で立花宗茂と共に趙憲、霊圭の私軍を錦山で撃破し、両名を討ち取っている。

長宗我部盛親は長宗我部元親の四男で父の死後、長宗我部家の家督を継いだ。小田原合戦、朝鮮出兵にも従軍している。情勢を見極める能力があり、性格も豪胆で勇敢な武将だった。盛親が率いる軍勢は四国統一を成し遂げた勇猛で屈強な一領具足の兵士達であった。

彼らは徳川家康に怯える怯懦《きょうだ》な武将達ではなかった。しかし、毛利隊が動かないとなれば、盛親、恵瓊、正家も疑心暗鬼に陥った。

そして毛利家が家康と内通していると噂も流れており、もし出撃すれば背後から毛利軍の襲撃をうけ、東軍との間で挟撃される恐れもある。安国寺隊、長束隊、そして長宗我部隊は兵を動かす事もなく終わった。

毛利秀元も本隊を率い攻撃しようとするが、吉川広家が必死に毛利軍を引き止めていた為、南宮山から下山できずに終わった。

毛利秀元は剛勇を発揮できずに終わり、南宮山は遂に動かなかった。

疾《はや》きこと、風の如《ごと》く
朝鮮出兵では敵から風神と恐れられた小西行長率いる軍勢は東軍諸隊を突破した。小西隊の前に敵はなく、敵の中央に進出し、家康本隊の間近にまで迫ってきた。家康は三方ヶ原の合戦で武田信玄に負けて以来、一度も合戦には負けていない。小牧、長久手の合戦では、秀吉の率いる十万人の軍勢を破り、野戦においては国内では最強だった。その最強である家康を行長は追い詰めたのである。

行長の眼中に東軍諸隊はなかった。狙うのは内府殿（家康）の首、ただ一つのみであった。

小西隊の前に徳川軍の中でも最強の武将が現れた。六メートルの大身槍、「蜻蛉《とんぼ》切（穂先に止まった蜻蛉《とんぼ》が真っ二つに切れてしまった事からこの名前がついた）」をもち、自らが葬った敵を弔う為、肩から大数珠をひるがえした武将、本多忠勝である。

本多忠勝は家康から「ただ勝つ」という意味を込めて忠勝と名づけられた。生涯五十七度の合戦に出るが一度も傷を負う事もなく、「家康に過ぎたるものが二つあり、唐の頭（兜につけるヤクの尾毛の飾り物。当時は非常に貴重品であったが、家康はこれを大量にもっていた）に本多平八（忠勝）」と謳《うた》われた勇将だった。

本多忠勝は家康の本陣を守るのが今回の役目だった。その忠勝が部隊を率い出陣したのだから、徳川の本陣にとって非常事態だったのである。本多隊は小西隊に突撃し、激闘を展開するが、小西隊の勢いに押しまくられていた。

戦況は西軍に有利であったが、行長の脳裏に一人の武将が思い出されていた。加藤清正であった。

（もし、加藤清正の軍勢と共に戦えば、徳川本陣に攻め込み、内府殿を討ち取る事ができたのではないか）

と行長は思った。しかし、今は出来ない事を考えても仕方がなかった。行長は小早川秀秋に急使を送り、戦闘参加を要請した。小早川秀秋隊の兵力は一万五千人。この大軍勢が東西どちらにつくかによって勝敗が決するのは明らかだった。行長は小早川秀秋に二心がある事は知っていた。それでも今は秀秋に賭けるしかなかったのである。

小早川秀秋は秀吉の正室おねの兄、木下家定の五男である。秀吉の養子となり、一時は秀吉の後継者と見られていた。ところが、淀君に秀頼が生まれると秀秋は小早川隆景のもとへ養子として出されたのである。

秀秋は関ヶ原合戦で西軍を裏切ったので現代でも悪名高く、優柔不断で暗愚な武将と評価されているが、決して軟弱な武将ではない。慶長の役では明、朝鮮軍に包囲された蔚山城の救援に駆けつけている。秀秋はこの時弱冠十六歳の少年で自ら馬に乗り先頭に立ち、敵勢を多数討ち取る武功を立てた。荒削りな一面もあるが勇猛果敢な武将である。そして小早川軍はかつて名将隆景に率いられ、毛利家の伝統を誇る軍隊である。朝鮮出兵では碧蹄館の戦いで立花宗茂と共に明軍十万の大軍を迎え撃破し、日本軍の危機を救った精鋭であった。

秀秋は家康と東軍に寝返る約束をしていた。

松尾山の山頂に陣を敷く秀秋の眼下には関ヶ原の戦場が一望のもとに見渡せた。

福島正則隊は宇喜多秀家隊に押され、大谷吉継隊は敵の大軍を圧倒し藤川を越えて進撃。小西行長隊は東軍諸隊を撃退し、家康の本陣も危機が迫っていた。秀秋にはそう見えた。

（西軍が勝つかも知れん）

西軍の勇戦を見て秀秋はそう思い始め、東軍に寝返るという決断が下せなかった。

家康は焦っていた。小早川秀秋隊が動かないからである。

「あの小倅《こせがれ》め、見あやまったか。」

家康は三万人の徳川軍を率いていたが、自分自身が率いた部隊は、徳川大名の中でも中小大名軍の寄せ集めであった。徳川大名の中でも歴戦の武将が率いる最強部隊は徳川秀忠につけた。徳川秀忠の別動隊は真田昌幸、幸村父子の上田城を攻撃したが、攻め落とすことができず、関ヶ原の決戦に間に合わなかった。

関ヶ原合戦の際、戦況の優劣がはっきりするまで徳川軍三万人を合戦に参戦できなかったのは最強部隊ではなかった為、家康は戦力を投入しようにもできなかったのである。

家康は覚悟を決め賭けに出た。鉄砲隊に、秀秋の陣への一斉射撃を命じた。場合によっては小早川隊が東軍を攻撃するという危険な賭けであったが、他に方法は思いつかなかった。そこまで家康は小西隊に追いつめられていたのである。鉄砲隊の銃は一斉に火を噴き、松尾山に撃ち込んだ。

小早川秀秋は家康からの銃声を聞き、ついに決断した。

「めざすは大谷刑部の陣なるぞ。」

小早川秀秋の裏切りは良く言えば戦国時代に終止符をうつ裏切り、悪く言えば後世まで裏切者という汚名を背負っていかなければならなくなった悲劇の貴公子の裏切りであった。

賭けは家康が勝った。

小早川隊の大軍勢は松尾山を下り、大谷隊に突入していった。中には秀秋の裏切りに反対する者も多く、松野重元も猛然と反対して戦線を離脱した。松野重元は関ヶ原合戦後、小早川家を去った。

大谷吉継は秀秋の裏切りに備え、六百人の精兵で追撃した。平塚為広隊、戸田重政隊も必死に反撃した。小早川隊は五百メートルほど後退し、大軍勢の威勢をあらわすこともできず、松尾山へ逃げ帰った。だが、そこへ藤堂高虎隊、京極高知隊が大谷隊の側面に突入すると大谷隊の進撃も止まった。両軍は壮絶な死闘を展開するが、この時、第二の裏切りが起こった。脇坂安治、朽木元綱、小川祐忠、赤座直保の四隊が大谷隊の側面に攻撃した。小早川隊は陣形を立て直して再び大谷隊に攻め込んだ。そこへ藤堂、京極の諸隊が突入する。平塚為広、戸田重政をはじめ、大谷隊の将兵は次々と戦死。大谷吉継は自害し、大谷隊は潰滅した。

小早川秀秋達の裏切りは西軍が優勢だった戦況を一変させた。小早川達の裏切りを知った小西隊の兵士達は、にわかに浮足立った。秀秋の裏切りを予測していた行長は前線に三百メートル後退させ、軍を立て直し反撃に移る様、急使を走らせて前線に伝令を伝えた。しかし、伝令は前線に伝わらなかった。兵士達は退路を断たれるのを恐れ、動揺をあらわした。戦線が伸びすぎたのが、逆に仇となった。戦場で恐怖心にとりつかれば、どんなに強力な軍隊でも烏合の衆（規律も統制もない軍勢）同然となる。行長は、

「引くな。一歩も下がるな。戦はまだ負けた訳ではない。決戦はこれからぞ。」

と必死に采配を振るい、味方を叱咤激励した。だが、ひとたび怖気づいた兵士達の動揺

を抑え、崩れ始めた軍勢を立て直すことは、どのような知将、英将であろうと難しい。小早川達背反諸隊と東軍諸隊に背後から襲撃されると、小西隊先手はたちまち崩され、後方の本隊のほうに雪崩《なだれ》を打って敗走した。本隊は混乱し、小西隊は総崩れとなり潰走した。

行長の旗印、日章旗が崩れ落ちた。

日は沈んだ。

行長は伊吹山中へと落ちていった。午後一時過ぎのことであった。

西軍の主力として戦い続けた小西隊の潰走は西軍に大打撃を与え、西軍の全面的崩壊のもととなった。

小西隊が崩れると、隣の宇喜多隊も戦意を失い、潰走しはじめた。

「行長は、摂津は無事か。」

秀家は重臣達に聞いた。しかし、誰も答える者はいなかった。中には泣き出す家臣もいた。

(行長、決して死んではならぬ。必ず生きのびてくれ)

秀家は行長の無事を祈った。

この時、小西隊を破り勢いにのった小早川達諸隊が宇喜多隊の側面を襲撃し、宇喜多隊も崩れ始めた。秀家は小早川秀秋の裏切りに激怒し、

「おのれ、金吾めが、かくなる上は奴と刺し違えて恨みを晴らすぞ。」

秀家は小早川隊の正面に突撃しようとしたが、明石全澄が必死に押し止め、いさめた。

秀家は数騎の武者を連れて、行長のあとを追うように伊吹山中へ逃走していった。

「摂州さま、落ちなされ。」

明石全澄も行長と同じ、キリシタンであった。

笹尾山山頂から盟友達の無残な姿を見て石田三成は愕然となった。さきほど前は西軍が東軍を圧倒していたのが一転し、大谷吉継隊は壊滅、小西行長隊、宇喜多秀家隊は敗走し戦線から離脱した。

「あの時、夜襲案を実行していれば。」

三成は思った。前夜、大垣城内で夜襲案を出した行長、義弘、秀家の表情は真剣だった。もし夜襲案を実行していれば島津勢は先陣を務め、東軍に襲撃していたし、裏切りや傍観もなく、東軍を撃破し、家康も討ち取っていたかも知れなかった。それが夜襲案を却下したばかりに関ヶ原合戦では手痛いしっぺ返しを島津義弘から受けた。その上、大谷吉継の忠告も聞かなかった。人の意見を聞かず、すべて我を通した結果、家康の術中にはまり、関ヶ原の合戦では傍観、そして裏切りが続いた。西軍の敗北は目前に迫り、石田隊は風前の灯となった。後悔する三成。

だが、今となってはあまりにも遅すぎた。

石田隊の陣営は東軍の攻撃の的となった。

すでに東軍は勝利の確信に勢いづいている。

石田隊は東軍諸隊と七、八度の死闘を展開したが、大軍である東軍に対抗できず、ついに潰滅した。三成は再起を期して、伊吹山中へ敗走した。

西軍諸隊が敗走し去った今、関ヶ原で残っているのは島津隊のみとなった。

潰走した小西隊、宇喜多隊の敗残兵が救いを求めて島津隊の中へ入り込もうとしたが、銃撃にあい、追い払われた。池寺池に飛び込み、溺死した者も多かった。

島津隊は東軍の猛攻を受け、千五百人いた島津隊の兵数はすでに半数以上失った。

島津義弘は敵中突破による撤退を決意した。

島津隊は堂々と家康本陣の前面を通り、牧田口に達した。そして関ヶ原を中央突破しようとしたのである。東軍諸隊は追撃を開始、島津隊に襲いかかった。島津隊の兵士は追手にむかい鉄砲を撃ち込んだ後、白刀で敵に斬り込み、死ぬまで戦うという「捨て奸《がまり》」で反撃。井伊直政は腕に被弾し、深手を負い、松平忠吉は槍傷を受けて、共に負傷した。だが、東軍も猛襲し、死闘のなかで島津隊の兵士達は次々と倒され、島津豊久、阿多盛淳は戦死。島津隊という命知らずの部隊に、命知らずの部隊が襲いかかった。本多忠勝隊である。本多忠勝隊は追撃し、敵の首級を九十余り討ち取った。島津義弘は命懸けで脱出に成功するが、生き残った兵はわずか八十数人だった。

島津隊と東軍諸隊の凄絶な死闘が行われていた頃、南宮山に布陣していた毛利秀元、吉川広家、安国寺恵瓊、長束正家、長宗我部盛親達の諸隊は撤退していた。

午後四時頃、天下分け目、関ヶ原の一大決戦は終結した。

行長は伊吹山中に逃走した。行長は同行した側近達を巻き添えにするのは忍びなかった。そして側近達と別れを告げた。行長は伊吹山を登り、杣道《そまみち》（細くて険しい道）を下り、藤川沿いの渓谷を進み、長谷川との合流点をさらに糠賀部村（岐阜県揖斐郡春日村）に逃れ、単身、廃寺にただ一人で隠れ潜んでいた。

関ヶ原合戦から五日目の九月十九日、残党狩りに駆り出された林蔵主は、村外れの廃寺に紛れ込んだ。そこで小西行長と出会った。

行長は、

「私は小西摂津守である。内府の陣に連れて行き、褒美《ほうび》を取れ。」

「小西殿といえば、異国、本朝にも名を轟かせた名将ではありませんか。勝負は時の運で負けたので恥ずべきではない。」

そして林蔵主は自分の脇差を差し出し、

「これで自害をなさるように。」

と勧めたところ、

「自害するのはたやすい事だが、私はキリシタンである。キリシタンの法では自害は禁止されているのだ。賞金目当ての敵の軽輩どもの手に掛かって死ぬのは私の心が許さない。だから私を捕らえてくれ。そなたが、その褒美を使いたくなければ、村の生活がよくなる様に使えばよいではないか。」

行長の念の入った配慮に、林蔵主は恐縮した。やむを得ず林蔵主は、ひとまず行長を観音寺に隠し、関ヶ原領主、竹中重門に連絡した。竹中重門は秀吉の軍師、竹中半兵衛の長男である。

その後、行長は竹中重門の居城、岩手城に連行された。竹中重門は行長を丁重にもてなし、大切な客人として取り扱われた。

竹中重門の家臣と林蔵主は行長を護衛して大津の家康の本陣まで約五十キロを無事に送った。

大津城の家康本陣に到着すると、行長のもとへ家康の側近、村越茂助が駆け付けてきた。行長と村越茂助は顔見知りであった。村越は行長に縄をかけ、本陣に護送した。

その夜、家康は林蔵主に黄金十両を与え、それは村の財政の為に使われた。行長を引き渡した竹中重門には感状が送られた。

九月二十一日、石田三成を伊吹山中で捕らえ、同二十三日に安国寺恵瓊を京都で捕らえた。

徳川家康は石田三成、安国寺恵瓊、小西行長の三人の処刑を決定した。石田三成（西軍の事実上の首謀者）、安国寺恵瓊（総大将毛利輝元の身代わり）には理由があった。西軍の将であっても助命された者は多い。行長は宇土領主にすぎない。しかも行長の息子は家康の曽孫女との婚約が成立している。

なぜ、家康は行長を殺さなければならなかったのか。生かしておくには、あまりにも危険だからである。家康の戦はまだ終わっていない。豊臣秀頼のいる大坂城が残っている。もし、この男が大坂城に入城すればどうなる。関ヶ原の合戦では小西行長の率いる軍勢は、東軍諸隊を撃破し、家康本陣まで迫っていた。小早川秀秋の裏切りで勝てたからよかったものの、もし、秀秋が裏切らなかったら戦局はどうなっていたか分からなかった。朝鮮出兵で順天城の戦いでは、常勝将軍、李舜臣を敗り、一万四千七百人の兵で四倍以上もある敵の軍勢六万七千百人を破った実力者である。行長が大坂城に入城し、籠城戦になれば攻略するどころか、落城も難しいものになる。家康は行長に敵意はなかった。関ヶ原の合戦で二股をかけたり、裏切った武将より、豊臣家の為に命懸けで戦った真の勇者、行長の人柄に好意をもっていた。家康は小早川秀秋達裏切り武将にこう述べている。

「裏切りはうれしいが、裏切り者は嫌いだ。」

戦の世は終わりに近づきつつある。武一辺倒の者の時代は終わった。これからの政治は行政官僚であり、その優秀さを謳《うた》われた行長の時代である。そして朝鮮と関係を修復する為にも行長は家康にとって必要な人材だった。

それでも家康は行長を殺さなければならなかった。危険な芽は早く摘みとらなければならない。家康の苦汁の決断であった。

「殺すには惜しい武将だが、仕方がない。」

家康の不安は三十七年後の一六三七年、島原の乱で的中する。

九月二十八日、行長と三成と恵瓊の三人は大坂と堺で市中を引き廻された。堺と大坂で引き廻された後、三人は京都に連れていかれた。所司代、奥平信昌が三人を引きとり、その邸に閉じこめた。

十月一日、行長、三成、恵瓊の三人は三台の荷馬車に乗せられ、刑場の六条河原に向かった。群衆は沿道にも河原にも集まり、その数、数万人に及んだ。行長は顔色一つ変えず、実に堂々とした態度であり立派だった。人々はそれを認め、後世に伝えられた。刑場に近づいた時、一人のキリスト教従が行長の荷場所に近づき、宣教師達はあなたに面会するため努力したが、それは許されなかったと伝えた。

「私は私の罪を勇気をもって償《つぐな》うつもりだ。」

と行長は答えた。

六条河原に着くと、念仏を唱《とな》える為に僧が行長の前に出た。行長は礼を言った後、丁重にこれを断った。その後、ポルトガル王妃ドナ・カタリナから贈られたイエス・キリストとマリアの絵を三度、頭上にいただき、これを眺《なが》めた後、首を前にさしだした。介錯人《かいしゃくにん》（首を切る役人）が、何か言い残すことはないかと聞いた。

「日本のみならず、中国まで名を知られた私だ。言いたい事は山ほどある。だが、死ぬときは黙って死ぬものだ。」

行長が生前話した、最後の言葉だった。

（殿（太閤殿下）、今、殿の元へ参ります）

行長は静かに目を閉じた。そして刀が振りおろされた。

一人の英雄が、この世を去った。享年四十二。

行長の死の準備を見た家康の小姓二人は、もし自分達にこのような運命が訪れるとしたら、行長のようになりたいと願ったという。

行長の首は、三成、恵瓊、そして長束正家の首と共に三条大橋に晒された。

長束正家は関ヶ原合戦後、戦線を離脱して居城の水口城へ帰る途中、山岡道阿弥率いる軍勢の攻撃を受けて敗走。水口城は甲賀者に占拠されていた。長束正家、直吉兄弟は中之郷村の中西孫左衛門という旧家に入った。しかし、家康の命令で派遣された池田長吉、亀井茲政の軍勢が追跡してきて、家の周囲を包囲した。弟、直吉は先に自害した。池田、亀井の両将が庭先に入ってくると、

「太閤殿下に五奉行として仕えたそれがしが、誤算をいたしてこの始末。お笑い下され。」

自嘲の笑いを頬に刻むと、従容として自害した。文治派と称された正家だったが、最後は武士の意地と誇りを見せ、そして果てた。

行長の遺体は教会に引き取られ、堺の墓地に葬られた。死装束に、妻と子供たちにあてた遺書が縫い込んであった。

「今後は汝らはすべての熱意と心の緊張をもってデウスに仕えるよう心がけて頂きたい。なぜなら、この世においては世の中のすべてのものが変わりやすく、何一つとして永続するものは見られぬからである。」

と結ばれていた。

信長、秀吉の権力者も自らの死とともに終わり、行長自身も自分の死とともに終わろうとしている。現世において変わらないものはない。行長はそれを伝えたかったのである。

竹中重門は行長が京都で処刑されたと聞き、大変心を痛めた。重門は家臣を京都へ走らせ、晒されていた行長の首を持ち帰り、明泉寺に首塚を立て供養した。現在でも地元の人

たちは「小西さんの墓」と呼んでいる。

行長の死去が伝わるとローマ法王クレメンス八世によってミサが行われた。バチカンで法王による追悼を受けたのは日本人では行長が初めてであり、今日まで行長だけである。

イエズス会の総長は、行長をキリスト教会の恩人としてローマ市民に、彼の為に祈念し、そしてミサ聖祭を行うよう命じたという。

行長死去の情報は朝鮮宮廷に衝撃を与えた。

その第一報は「日本国内で大きな内乱があり、家康が勝ちました。」ではなく、「あの名将、行長が死んだ。」であったのである。

九州では毛利輝元が大友吉統に、

「西軍につけば、勝利した時は豊後の旧領を与える。」

と誘われた。吉統は大友家再興と朝鮮出兵の汚名を挽回する為、西軍についた。吉統は輝元から軍船と鉄砲隊百人を与えられ、大坂から船出した。別府湾に上陸すると、旧臣達三千人が集まった。吉統は立石城に本陣をおいた。黒田如水（官兵衛）は総勢九千人を率いて出陣し、吉統に使者を送り、東軍につくようにとさとしたが、吉統は聞かなかった。

九月十三日、黒田軍と大友軍は石垣原で戦い、両軍で七度に及ぶ激戦を展開した。大友軍先鋒の大将、吉弘統幸は奮戦し、三度黒田勢を撃退し、二十三人を討ち取った。一時は天下の策士、黒田如水を追いつめ、かつては、「九州の王」と謳われ、九州六ヵ国に君臨した大友軍の意地を見せた。しかし、長引く戦闘に大友軍は攻め疲れた。吉弘統幸は井上九郎衛門と一騎打ちの末、討死し、同じく先鋒の大将、宗像掃部も戦死した。大友軍は両将を失い、夕方には大友軍の敗北は決定的となり、逃亡者も続出した。十五日、吉統は黒田如水に降伏した。吉統の大友家再興の夢は終わった。

九月十五日、加藤清正は七千の兵を率い、黒田如水の加勢に向かった。清正は豊後に来たところで、黒田側からの知らせで石垣原合戦の終結を知った。清正は肥後へ引き返すと行長の居城、宇土城へ向かった。

宇土城は行長の弟、行景が三千人の兵で守っていた。小西行景を始め、南条元宅や内藤如安、荒塚中右衛門、麦島城代の木戸作右衛門は九州だけではなく、天下にも豪勇をもって聞こえていた。支城の矢部城は結城弥兵衛、隈庄城は小西忠右衛門（行長の甥、小西主殿介の子）が守っていた。

「我が軍は、最後の一兵になろうとも、最後まで戦う。」

強敵、加藤清正を前に、行景の決意は固かった。

行景には作戦があった。上方で西軍が勝利した後、行長が軍勢を率い、宇土城へ帰ってくる。その時は、宇土城内の軍勢、そして麦島城の木戸作右衛門の軍勢と力をあわせ、いっせいに加藤清正の陣営を挟撃し、一人残らず討ち取ってくれようぞ。

その為にも、行長が帰ってくるまで、宇土城を守らなければならなかった。

九月二十日、清正は宇土城の南方一キロの茶磨山《ちゃまやま》、松山近辺に着陣すると、背面から攻めるべく本陣を置いた。その後、有馬直純（晴信の子）が二千の兵を率いて合流し、大村喜前も三百の兵を率い、宇土城攻撃に加わった。有馬晴信と大村喜前は行長の檄文に応じ、西軍に参加し、赤間関（山口県下関市）まで進んでいたが、関ヶ原合戦の結果を知ったので加藤清正に加わったのである。総勢約一万の大軍は宇土城を包囲した。

これに対して島津義久、相良頼房の家臣達が小西側についた。

進行する鬼上官、迎え撃つ神の軍団。

一人は長年の宿敵と決着をつける為に。一人は兄が帰ってくるまで守る為に。

九州版関ヶ原。九州を南北に二分した戦いの火蓋が宇土で切って落とされた。

加藤軍は先鋒、加藤百助率いる一番隊が宇土城へ進行した。

同じく先鋒の吉村左近が率いる三番隊が麦島城を襲撃するが、麦島城主、木戸作右衛門の軍勢に撃退された。勢いにのった八代勢は、吉村隊を追撃した。吉村隊は八代勢にかなわず混乱し、麦島城から北方約二十キロメートルにある豊福まで敗走した。

廻江村では、加藤勢が来るというので、総庄屋の久兵衛が、行長の愛顧をうけていたので百姓約三十人を引き連れて橋をこわし、加藤軍に銃撃した。久兵衛の予想外の抵抗により、加藤軍は多くの犠牲者を出した。夜に入ると舟を出し、渡河して久兵衛の一味を蹴散らした。久兵衛は宇土城へ走り、小西軍と合流した。行景は、久兵衛の殊勝をほめて銘刀を与えた。

加藤軍は石ノ瀬、塩田、松橋の三方から宇土城の城下町に突入した。加藤軍は宇土城の支城、石ノ瀬城を攻め落とし、一気に城下に侵攻した。小西軍もよく防ぎ、両軍の攻防が続いた。南条元宅は人々を城内に入れようと指図している最中に、加藤軍の関九左衛門達と出合い合戦となった。南条元宅は関九左衛門達を撃退し、人々を城内に入れた。搦め手の沼田畷では、小西軍が城外へ出て、小規模なものながら合戦があった。この場で加藤軍の庄林隼人の与力の井上彦左衛門と小西軍の兵士が大刀打ちをした。だが、加藤軍の攻勢を防ぎきれず、後方の五丁目の木戸まで退去した。加藤軍は城下町を焼き払った。

だが、宇土城三の丸では塩田口で、竹ノ内吉兵衛、日比左近、植木菖蒲之助がよく守り、廻江橋では藤井六弥太が奮戦し、加藤軍を撃退した。城下では南条元宅と三宅喜蔵が一騎討ちを行い、南条元宅は三宅喜蔵の槍を叩き落とした。三宅は討死を覚悟した。

「そこまでよ。わしに挑んだ勇敢な武将を殺すのにはしのびない。命だけは助けてやろう。」

と言いすて、南条元宅は悠々と引きかえして行く。

南条のあまりの強さに三宅は気をうばわれ、呆然と見送っていた。

そこへ飯田覚兵衛が一人の従者と共に駆けつけた。三宅は気を取り直し、槍をひろい上げると南条に向かい、まっしぐらに追いかけた。

再び南条と三宅は槍合戦を行うが、南条はまた三宅の槍を叩き落とした。

それを見た飯田覚兵衛は槍をひらめかせて突きにかかった。加藤家第一の飯田の槍は鋭い。大刀無双の南条元宅も巧妙に防いで反撃する。三宅喜蔵も力を得て槍を取り戻し、三人連れで南条元宅と戦った。南条元宅は次第に退いて、城内へ引きかえした。

加藤水軍の舟手奉行、梶原助兵衛は軍船数十隻を率い、ひょうたん淵まで進んだが、城内からの砲撃で、軍船は撃沈、大破され梶原助兵衛は戦死した。加藤軍は麦島城攻略、そして水、陸方面からの宇土城突入に失敗し、一連の戦闘で死者は五百人、負傷者は七百人に達した。宇土城の損害は軽微で、小西軍の士気は高かった。清正は宇土城を攻めあぐね、武力で宇土城を奪う希望を失うが、そのことは危険と屈辱なしでやめるわけにはいかず、退却する事もできなかった。

緒戦は小西軍の圧勝だった。

清正は関ヶ原合戦の結果と行長の死を伝えようと矢文を送った。

だが行景は、外部との接触を一切絶つことを命じ、敵からの書状に応じたり、また使者を受け入れた者は死刑にする事を決めていた。加藤軍が放つ矢文は、開封もせず、ただちに焼き捨てた。清正は、長崎にいたワリーニヤノに会員を派遣して国内の情勢を知らせてほしいと頼んできた。しかし、ワリーニヤノは戦争に干渉することはできないと断った。

夜になると、小西軍は大手口に迫る加藤百助の陣や、加藤軍諸隊の陣営を襲撃し、大打撃を与え、加藤軍を苦しめた。

清正は、宇土城から麦島城へ援軍を求める使者を捕らえ、代わりの者に手紙を届けさせて返書を奪った。こうして麦島からの援軍のある時刻を知った清正は吉村左近に命じ、兵千人を率いて、宇土から十三キロ南方にある小川（益城郡小川町）で待ち伏せした。

九月二十八日の夜、麦島城から本郷能登守の率いる一隊が出撃した。両軍は小川の乱橋付近で激突した。八代勢は三方を包囲されるが、状況の不利にもかかわらず八代勢は善戦し、加藤軍は手痛い損害を受け、多くの死傷者が出た。だが本郷能登守は加藤軍の石田権六が撃った鉄砲の弾で馬を倒され、立ち上がったところを権六が切りつけて討ち取った。将を失った八代勢は敗走した。

麦島城代の木戸作右衛門は小川で敗戦すると島津義久に救援を求めた。義久は救援することを決定した。島津忠長、忠倍父子、新納忠元、伊集院久治達が出陣し、相良頼房の家臣達の軍勢も島津軍と合流し、清正の老臣、加藤重次の守る佐敷城をめざした。

十月二日、島津、相良軍は陸、海から佐敷城を攻撃した。佐敷浦では島津忠長父子水軍と井口伊賀介率いる加藤水軍が戦ったが、決着がつかず、両軍は引いた。佐敷城では島津軍、相良軍が包囲して攻撃する。城代加藤重次はよく守り、城を死守した。

清正は焦っていた。上方では東軍が勝利を収め、九州では、黒田如水達東軍諸大名が順調に攻略を進めている。これに対して宇土城は中々落ちず、小川の合戦では勝利を収めたものの、いつ八代勢が襲撃するのか分からなかった。城代の猛将、木戸作右衛門も健在である。佐敷城では、島津、相良軍が進行している。

清正は宇土城を攻め落とすべく、総攻撃をかけるが、宇土城の鉄壁の防衛を突破する事ができず、加藤軍はことごとく撃退され、死傷者は増える一方だった。その死闘は第三次平壌城の戦いの再現であった。

宇土城内では、行長の妻、ジュスタは侍女達と共に傷病兵の看護を引き受けていた。ジュスタは進んで薬をつくり、手傷を負った者には自ら手当てをしながら、一人一人に励ましの言葉をかけた。その姿は、「戦国時代版ナイチンゲール」だった。

宇土城を攻め落とせず、焦った清正は使者を立てて、城内に申し入れる。

「西軍は関ヶ原で散々にうち破られ、これ以上の戦は無益である。貴殿達が主君を守り城を堅守し、戦い抜いたのは真に立派であるが、この上は開城すべきであろう。ご開城後のお身の上については全て安全を保証いたす。」

だが誇り高く、勇敢な小西軍の将兵達は、誰一人清正の申し入れを受け入れなかった。戦局を変えたのは城攻めではなく、上方から逃げ帰った家臣達であった。十月二十日、清正は行長の家臣、芳賀新吾、加藤内匠を捕らえて城内に送り込み、行長の刑死と西軍の敗戦を伝えさせた。

行景を始め、城方は力を落とした。戦に負けた為ではなかった。だが上方の決戦で西軍は敗北し、主、行長が亡くなった今、戦を続け、城兵の命を失う訳にはいかなかった。

行景は開城を決意し、使者を清正本陣に送った。

「当城は開け渡し、私は自害します。その代わりに城中の者残らず助命の上、お召抱え下さりますよう、お願いします。」

と申し込んだ。

清正は行景の決心と、愛情の深い心に感動し、快くその申し込みを受け入れた。

「拙者としては、城代も助命したいと思いますが、それは城代においていさぎよしとして、お言葉にまかせます。」

清正としては、行景も助けたかったのに違いない。

清正は城中の苦労をねぎらい、酒食を送った。行景は清正に礼を言い、城内に別離の酒宴を張った。それがすむと行景は城を出た。

門の前には清正の重臣、飯田角兵衛と下川又左衛門とが共の者と待っていた。

行景は飯田角兵衛と下川又左衛門に守られながら熊本に送られた。二人は行景を降参人としての扱いはせず、対等の立場で行景を送った。

九月二十三日、行景は下川又左衛門の邸で自害した。清正は小西家の家臣で仕官を希望する者は、もとの禄に近い知行を与えた。内藤如安は五千石の高禄で迎えられた。

宇土落城後、久兵衛は清正に呼び出された。死を覚悟した久兵衛だったが、清正は優しかった。

「貴公の主恩を忘れぬ志は立派である。」

と、久兵衛を罰するどころか、そのまま総庄屋にとりたてた。久兵衛は名を六弥太と改めて村治にはげんだという。

清正だけではなく、清正の家臣達も小西家の家臣達を少しも侮辱した態度をとらず、ていねいに、そして親身になって世話をした。

行景は城兵を見事に指揮し、猛将をもって鳴る加藤清正軍の猛攻にも一歩も引かず、最後まで戦い抜き、一人の裏切り者も出さなかった見事な守城戦で、その采配は高く評価され、武士のよき手本としてたたえられた。そして城兵の生命に代えて自刃した行景の最期は後世まで語りつがれた。

宇土城を約一ヵ月間守り切った行景は立派だったが、行景と約束を守った清正も立派だった。

清正の尽力により、行長の一族や家臣達が殺されるという最悪の事態は避けられた。救いの手を差しのべたのは清正だけではなかった。黒田如水、有馬晴信、島津義弘、小早川秀秋が小西家の家臣を採用した。

裏切り、傍観に満ちた関ヶ原合戦には何一つなかった武士道が、肥後にはあったのである。

清正は九州で東軍の勝利に大きく貢献し、戦後家康より恩賞として領地を加増され、肥後五十三万二千石の大大名となった。しかし、清正には勝った喜びはなかった。

「拙者は取り返しのつかない事をしてしまったのではないか。」

と後悔していた。豊臣家の為に命懸けで戦った大名達は殺され、あるいは領土を没収された。豊臣家を守る大名は、誰もいなくなったのである。

清正の戦い続けた相手。それは宿敵との戦いではなく、もう一人の自分との戦いであった。

後日、関ヶ原合戦で行長の勇戦を聞いた清正は、

「拙者が西軍に付き、行長と共に戦っていれば、西軍は勝っていたのではないか。」

関ヶ原の合戦で行長と同じ事を清正は考えていた。

だが、もはや後の祭りであった。

家康は関ヶ原合戦後、宇土城の戦いで小西勢が加藤清正の軍勢を相手に一ヵ月も守り抜いた事を知り、肝を冷やしたという。もし、宇土城を守っていた小西勢が関ヶ原合戦に参戦していれば、東軍の勝利はなかったのではないかというのである。

キリシタンの有力な保護者、行長の死は日本のイエズス会にとって大きな打撃だった。その後、日本のキリシタンは衰退していく。

上津浦の宣教師マルコス・フェラロは慶長十八年（一六一三年）のキリシタン大弾圧で追放されたが、

「二十五年後に神童が現れ神の国をもたらすであろう。」

と言い、二十五年後、寛永十四年（一六三七年）の天草四郎の出現を予言したという。

関ヶ原合戦後、家康はこれ以上の犠牲者を出す事は望まず、他の敵には寛大な処置を取り、行長の家族や一族、家臣達は許された。

しかし行長の十二歳になる嫡男、兵庫頭は毛利氏の手によって殺された。兵庫頭の容姿は美しく性格は活発、決断果敢で軍事的素質にも恵まれ、諸侯の愛望するところであったから、誠に行長の後継者、そして家康の孫娘の婿としてふさわしい男子であった。兵庫頭は小西家の家臣数人と毛利領内の広島に移住していたが、もっと安全な場所へ移し、自分を引き渡さぬように毛利氏の保証をとりつけた。しかし、兵庫頭は、自分の危険を悟りただちに広島にいた司祭を呼び、告白し、デウスの命ずること一切に対して十分な心構えをした。毛利氏の伝言が届いた頃、司祭の命令で兵庫頭のもとへ広島からイエズス会の修道士がきた。兵庫頭は、この移動は自分の身を守ってくれる為ではなく、自分を殺す為である事を察した。兵庫頭は修道士に、お守り袋か何か神聖な物を持っているならば、ぜひ与えてもらいたいと請うた。修道士が慰めようとすると、兵庫頭はきわめて元気で、顔には何ら動揺した色もなく、むしろすこぶる陽気な表情で、

「私は告白し救われる事を期待しているので、死を全く恐れていない。父は心やすらかにデウスに委ね栄光の中にあり、天にいるものと信じています。私も天の父のもとにまいります。」

兵庫頭の方が修道士を慰めるといった有様だった。修道士は兵庫頭と別れ、兵庫頭は小姓一人と家士一人と共に毛利輝元がいた大坂城へ送られ、輝元の命令でひそかに首を斬られた。輝元は兵庫頭の首を「最上の寵貴《ちょうき》を受くべき贈物」として、使者をもって家康に送った。これにより、家康に輝元が大いに奉仕し、このような手段で自らの生命を救えると見なしたからである。

しかし、家康は大いに激怒し、これを賞するどころか、

「兵庫頭は我が曾孫娘との婚約が成っていたことを知らぬのか。兵庫頭を殺した者は、死を以てこれを罰せん。」

と、怒声を発してこれを罵倒した。家康は不正悪意に満ちた、この毛利氏の処置を罰したのであった。人々も皆、毛利輝元が家康を恐れるあまり、安全保障を受けて他国に逃げていた少年を殺したのは、いとも卑劣であるとみなし、毛利輝元に対して憤激し、そして

兵庫頭の死に深く心を痛めた。

行長の兄、如清は隆佐亡き後、堺奉行を継いだが、関ヶ原合戦後、如清は堺奉行を失脚した。如清には二人の男子がおり、次男の宗長が後を継いだ。

行長の母、マグダレナは行長の死去のあと、後を追うようにして同年の暮れ、慶長五年（一六〇〇年）、如清の屋敷で亡くなった。

行長の妻、ジュスタは宇土城落城後、宇土を去った。

（徳川の世になれば、あなた様の武功、生き方を語る者は一人もおりますまい。あなた様は悪しざまに言われ、裏切り者と罵《ののし》られ、弱虫とも腹黒き者とも呼ばれましょう。だがこの私だけはよう存じております。あなた様こそ秀吉様の恩義に報いる為、最後まで戦った真の忠臣であり、朝鮮でどれほど無益な戦を終わらせようと、心を砕かれたかを……）

その後、ジュスタは家康の配慮で京都に住み、安らかな晩年をすごした。

行長の側室の子、小西秀貞は備前の宇喜多秀家に仕え、一万八千三石を領していた。関ヶ原合戦後、宇喜多家が滅んだ為、備前から讃岐に逃亡した。その一族は分家して讃岐、京都、姫路にもあるという。

行長の末子、浅山弥左衛門は加藤清正、有馬晴信に仕えた後、島原の乱で筑前福岡藩主の黒田忠之の家臣となり、仕えたという。

行長の次女、マリアは宗義智に嫁いでいた。政略結婚であったが、夫婦の仲は良好だった。関ヶ原合戦があった慶長五年（一六〇〇年）、マリアは三人目の子供を産んだ。生まれたのは初めての男子であり、待望の世継ぎ誕生と城中総出で祝い、義智も大いに喜んだ。

しかし関ヶ原合戦後、義智はマリアを離縁した。義智はマリアを愛していた。だが家と家臣、領民達を守るやむを得ない離婚であり、愛する妻だけではなく、息子とも別れなければならなかった。

マリアは二人の娘を対馬におき、二歳の男子を抱いて、慶長六年（一六〇一年）、対馬港を離れた。マリアは長崎の宣教師をたよった。そして、ひたすらに信仰に生きて、関ヶ原の合戦から五年後、生涯を終えた。

マリアが生んだ男子はわずか六歳でみなし子になり、宣教師達によって養育された。その後の消息は不明である。一説によれば、二十四歳でローマに行き、神父となり寛永九年（一六三二年）、日本に戻り、布教を続けて京都で四十四歳で殉教したマンショ小西は、マリアの息子だという。だが、あくまでも説であり、事実かどうかは定かではない。

マリアが生んだ女の子の一人は早世し、マリアの死後四年にして、もう一人の娘も亡くなった。元和五年（一六一九年）、宗家はマリアの霊を「日本の神」としてまつった。マリアの神社が今宮神社で、娘の神社を若宮神社の一つの社として建て、天神社に合祀される。

そして、悲運のうちにこの世を去ったマリアと娘達の霊をなぐさめた。

行長の弟、行景には二人の男子があった。長男忠右衛門は小西家臣の白井氏が鹿本に逃がし、小材家一門の初代となり、次男七佐衛門は球磨の地へかくまわれ、津田家の初代になったと伝えられている。

後に二人の子は細川家に仕え、再び武家として再興した。

行長の娘、カタリナ永俊尼（明石掃部の娘、行長の家臣、皆吉久右衛門の娘、小西一族の娘等、諸説ある。小西家の資料文書の中に「行長の娘が薩摩に嫁いだ。」という記載がある）は島津一族の島津忠清に嫁ぎ、娘、桂安が生まれた。桂安は薩摩初代藩主、家久の夫人となり、二代藩主、光久を生んだ。この事により、カタリナは島津家において政治的実力を有し、桂安夫人と共に江戸の薩摩屋敷にも数年滞在できる等、カタリナの身分は揺るがぬものとなった。カタリナは島津一族や家臣団にキリシタン入信へ導き、多くの家臣がキリシタンになっていた。藩主家久をはじめ、家臣達から尊敬され、薩摩藩内にも大きな影響を与えていた。徳川幕府に対しても、関ヶ原合戦で豊臣方に味方し、快く思われていなかった島津家が存続するよう、幕府の心証をよくするように尽力した。

しかし、キリシタン禁教令が発布され、改宗に応じなかったカタリナは娘、妙身、孫娘、於鶴、満津と共に種子島へ島送りとなった。

カタリナは種子島で十三年過ごし、慶安二年（一六四九年）、七十五歳で亡くなった。

行長の養女、おたあジュリアは文禄の役、行長が陣をしいた平壌で戦災孤児となっていたところを行長に拾われ、日本に送られた。朝鮮貴族の娘で、その時は五歳ぐらいの幼女だったという。行長の妻、ジュスタはジュリアを養女として育てた。愛嬌があって気品が高く、美しい女性であり、キリスト教に入信し、ジュリアという洗礼名を授けられた。

関ヶ原合戦後、行長が敗死するとジュリアは家康に引きとられ、駿府城へ入り、家康付きの侍女として仕え、寵愛を受けた。ジュリアは大奥の侍女や家臣達をキリスト教に信仰に導き、多くの人がキリシタンとなった。

しかし、キリシタン禁教令が発布され、家康はジュリアに棄教するように要求したが、拒否され、家康の側室にさせようとしたが、ジュリアはこれも断った。やむを得ず家康は慶長十七年（一六一二年）、駿府より追放し、伊豆大島、新島、神津島へと相次いで流刑となった。家康はジュリアが思い直して棄教し、自分の元へ帰ってくれる事を期待していた。だが、ジュリアは棄教せず、神の信仰に生き、神津島に流されて四十数年後、聖女として清らかな生涯を閉じた。

内藤如安は加藤清正に仕えていたが、後に加藤家を去り、高山右近の斡旋で加賀（石川県）金沢藩主、前田利長の客将となった。如安は高山右近と共に熱心に布教活動や教会の建設に取り組んだ。しかし、キリシタン追放令が出され、慶長十九年（一六一四年）九月二十四日、如安は自分の家族と高山右近達と共にルソン（フィリッピン）のマニラへ追放された。マニラ到着後、総督以下住民の祝砲とともに熱烈に歓迎された。だが、まもなくして高山右近は亡くなった。如安はサン・ミゲルの地にキリシタンの為の日本人町を建設する。如安は軍師としての手腕や外交交渉の巧みさから日本人町の首長となった。如安は穏やかな晩年を送り、寛永三年（一六二六年）、七十七歳で病死した。如安の息子、采女は縁者を頼り、能登福浦の港（石川県富来町）に帰国した。

結城弥平次は関ヶ原合戦後、島津家に仕え、後に肥前有馬家に三千石で仕え、金山城主となる。慶長十八年（一六一三年）、キリシタンを理由に追放され、長崎に移住。寛永五年（一六二八年）、結城弥平次八十五歳の時、長崎代官末次平蔵の台湾派遣船に浜田弥兵衛と共に乗船した。その後の消息は不明である。

木戸作右衛門は宇土城落城後、家臣約五百人と共に六十数隻の船に乗って八代港を発ち、八代海を南下し薩摩領に入った。木戸作右衛門は島津家久から江口で六百石を給された。木戸作右衛門は間もなく慶長六年（一六〇一年）末に亡くなり、その一子、小西作右衛門が十一歳で跡を継いだ。その後、慶長十四年（一六〇九年）四月、小西作右衛門は薩摩を去り、長崎へ行った。

キリシタン禁教令後、寛永四年（一六二七年）、一隻の船が、滅亡に瀕した日本教会の最後の騎士達を乗せ、長崎からマカオに渡航した。その中に行長の家族の中で三名の生存者がいた。一人は小西弥右衛門で父は日比屋了珪、母は木戸作右衛門の娘であり、妻は行長の長女であった。一人は小西作右衛門、次には小西センエモン・トメである。彼らの父は三名共、すべて行長の勇敢な武将であり、息子達も父にふさわしい人物であった。彼らは妻子を伴い、マカオへ旅立った。その中で唯一人の子供だけを日本に残した。

十月末、彼らは盛大にマカオで歓迎された。

しかし、同年の降誕祭が近づいた時に、小西一族のうちで生存していたのは男児一名と二名の女児のみで、彼らの親達は馴れない風土の為、マカオに来てすぐに死亡し、イエズス会の教会に、ミゼリコルジア（慈悲の組）の会員の衣服をまとってその地に葬られた。

行長の居城、宇土城は関ヶ原合戦後、加藤清正は隠居城とする為に修築した。天守閣は清正の命令で宇土城から運ばれ、行長の武勲をしのび、名残として熊本城に移築された。現在の熊本城宇土櫓である。平成元年に宇土櫓の修理が行われた。今回の修理は四階、五階が中心であり、この結果、柱等に番付などの墨書はひとつも見つからなかった。ところが一階には貫などに墨書が見られ、上部は後の改造と考えられる。

元和元年（一六一五年）の一国一城令で宇土城はすでに廃城となっていたが、寛永十四年（一六三七年）、島原の乱後、一揆軍の再利用を恐れ、堅城である宇土城は徹底的な破却を受け、堀は埋めたてられ、石垣は破壊された。幕府は三十七年前、かつて約一ヵ月間、加藤清正の軍勢を撃破し、守りぬいた宇土城を忘れてはいなかったのである。それほどまでに宇土城は堅固であり、時の権力者から恐れられたのである。

もし、関ヶ原の合戦で西軍が勝っていれば、加藤軍を撃退し、難攻不落の城として歴史に名を残したであろう名城であった。

「孤高の女王」、宇土城は姿を消した。

麦島城は一国一城令で、同国内の佐敷城等、次々と破却されたが、麦島城は例外的に存続を許され、熊本城と共に肥後の一国二城体制が確立した。

それほど優れていた麦島城であったが、元和五年（一六一九年）の地震で倒壊し、地中に埋もれ、再建されることはなかった。同年松江町に新城の築城を開始。麦島城の建築の部材、石垣はほとんど新城築城の為に持ち去られた。元和八年（一六二二年）八月、麦島城に替わり、八代城が完成した。

八代城の縄張は、麦島城と類似する点も多く、八代城築城の時に麦島城の縄張が参考になったと考えられる。麦島城の遺産は、八代城に受け継がれたのである。

宇土城、麦島城は、主、行長の跡を追う様に歴史の闇へと消えた。

「行長や三成の分まで拙者が豊臣家を守る。」

加藤清正の決意は固かった。清正は熊本城を築城し、徳川と決戦となれば、最後にこの城に秀頼を迎え、徳川と戦う覚悟でいた。清正の将兵も、今は小西行長、立花宗茂の将兵達も加え、一騎当千の軍団であった。そして福島正則、浅野幸長達盟友達と共に秀頼を守り、全国から浪人勢を掻き集める。中には真田幸村、長宗我部盛親、毛利勝永、明石全登、後藤又兵衛基次達実力者もいる。家康の年齢も七十歳であり、先も長くはない。清正には勝算があったのである。

慶長十六年（一六一一年）三月十八日、清正達の斡旋《あっせん》で、二条城で秀頼と家康の対面が行われた。清正は懐《ふところ》深く短刀を秘め、片時も秀頼のそばを離れずに、万一に備えていたという。

二条城の会見という大役を果たした清正だったが、肥後に帰国途中の船内で突然発病し、六月二十四日、熊本で息をひきとった。先に亡くなったのは家康ではなく、清正であった。

行長と清正。二人の守護神を失った豊臣家は、元和元年（一六一五年）五月、大坂夏の陣で滅亡した。

徳川幕府は危険分子となった加藤家を見逃すはずもなく、二代目忠広の代で改易となる。他の豊臣恩顧の大名達も一部を除き改易され、歴史の表舞台から姿を消した。

豊臣家滅亡後、家康は江戸幕府を開き、豊臣家にかわり、天下人となった。

秀吉は朝鮮出兵という無謀な出兵により、豊臣家は二代で滅んだが、家康は対外侵略ではなく、戦をやめる事によって大量の武士が軍事活動から行政活動に転じ、広域的な新田開発を行う等、内需拡大に努めた。そして、長期安定政権の基盤を確立し、「天下泰平」という二百六十五年間の平和な時代を築いたのである。

歴史とは、勝者の歴史であり、敗者には残酷なものである。幕府は関ヶ原合戦で家康と敵対した行長達を悪人にする事で、豊臣家からの政権を奪った事を正当化しようとした。

まず幕府は、

「小西行長については、摂津守や、様や殿とかを付けてはならない。呼び捨てにしなさい。」

というお触れ書きを出した。そして行長の功績は次々と捏造された。その代表が、朝鮮出兵で、主君である秀吉に対して、重大な背信行為を行った、よく語られる場面である。

明からの使者が秀吉の面前で、

「汝を日本国王とする。」

それを聞いた秀吉は激怒した。

「わしは前から日本国王だ。話が違うではないか。行長を呼べ、首を斬る。」

秀吉は怒りのあまり国書を破り捨てた。交渉は決裂し、秀吉は朝鮮への再出兵を決意する。

そして、国書偽造といえば、国家の大罪であり、厳刑はまぬがれないはずである。なぜ、秀吉は行長を殺さなかったのか。

答えは最初からなかったのであり、偽造された史実だったのである。

秀吉が激怒のあまり破り捨てた国書は、現在ほとんど完全な状態で、宮内庁書陵部蔵に保管されている。

行長は事前にはっきりと秀吉に報告し、秀吉の意向をふまえて明と交渉をしていたのである。

朝鮮出兵時、行長は明と交渉中、秀吉と明の双方を共に欺瞞《ぎまん》（だますこと）する事を清正に暴かれるのを恐れた。

そこで行長は清正をざん言（人を陥れる為に事実を曲げたり、ありもしない事を作り出して、その人を悪く目上の人に言うこと）により、秀吉は激怒。清正は秀吉に日本に呼びだされて伏見の屋敷に謹慎処分となったと語られているが、真相は違う。

行長は秀吉に事実を報告し、明と交渉していたので、清正を陥れる必要はなかったのである。実際は講和交渉の譲歩策として拠点以外の倭城を破却する事、秀吉の指示の元で段階的に軍縮に取り組んでいた。清正の帰国は軍縮を象徴する出来事として講和締結に向けた秀吉の政策と同時に、明の勅使一行を伏見で迎え入れる為の要員として上方へ召還《しょうかん》されたのである。

そして行長の地元である肥後では行長の人気は高く、行長を慕う人は多かった。行長の名声を抹消しない事には肥後を治める事は難しかった。そこで、行長はキリシタンだから、多くの寺社仏閣を焼いたと伝えられた。

しかし、現実には行長は寺社仏閣は焼いてはいない。肥後は統治するのが難しい土地である。もし、本当に行長が寺社仏閣を焼けば、領民達も激怒し、一揆が起こり、佐々成政の二の舞になるのは明らかである。そして行長は秀吉の側近として仕え、朝鮮出兵にも出陣していた為、ほとんど肥後に滞在する事もなかった。

行長の以前の肥後は戦国の世であり、戦場になっていた。神社、仏閣は本営として利用される事が多く、それが原因で焼失したものが多かったのである。

梅北の乱で、阿蘇氏が乱に関わっているという風聞があった。秀吉は阿蘇惟光を処刑したが、弟の阿蘇惟善は行長が匿い通し、後に惟善は阿蘇神社を再興している。行長は宗教が違うという理由だけで、他の宗教を弾圧するという事はなかったのである。

本当に寺社仏閣を解体した武将に大友宗麟がいる。耳川の合戦で島津氏に敗れるのだが、理由の一つに仏教とキリスト教の家臣団の対立があった。同じキリスト教である外国人宣教師は大友軍が島津軍に敗れたのは当然すぎるほど当然と述べている。

これに対し、小西行長の軍勢は朝鮮出兵では、ほとんどの戦に勝利を収め、宇土城の攻防戦でも、加藤清正の軍勢をよく抑えて頑強に戦い、関ヶ原の合戦を知って初めて投降し、一人の脱落者も出さなかったのである。

行長の生涯は四十二年と短かったが、それでも功績は大きかった。秀吉の天下統一に大きく貢献し、戦国時代という乱世を終わらせた。天下統一戦においても大量の兵員、武器弾薬及び兵糧輸送の総指揮を執り、見事その大役を果たした。戦では戦場での華々しい手柄話にばかり眼が移るが、本当の主役はこうした輸送、兵站を担当した行長だったのである。戦においても、秀吉が六万の軍勢で攻め落とせなかった猛将、滝川一益の長島城を攻め落とした。雑賀合戦では、秀吉の留守を狙い、根来、雑賀党は大坂城下を焼き、占領する為、大坂に進出するが、行長率いる艦隊は根来、雑賀党を撃破。大坂を火の海になるところを救った。大田城の水攻めでは艦隊を率いて総攻撃し、後日、根来、雑賀党は降伏した。雑賀合戦に終止符をうち、織田信長の軍勢を敗った事もある「戦国最強の傭兵部隊」根来、雑賀党は滅亡した。根来、雑賀党を敗った小西行長の名は天下に知れ渡ったのである。そして戦だけではなく、外交交渉で和平に持ち込み、戦を回避するように努めた。特に中国征伐時、行長が秀吉と宇喜多家の講和を締結し、誰一人傷つけず、宇喜多家を秀吉の味方につけた功績は大きかった。朝鮮出兵でも日本軍の総師格として大いに活躍して、その武功も枚挙にいとまがないほどであった。朝鮮出兵で敗れた戦は第三次平壌城の戦いと幸州山城の戦いである。だが、第三次平壌城の戦いでは、日本軍が救援に駆けつけていれば、勝てる可能性はあった。幸州山城の戦いでも、落城寸前まで追いつめ、日本軍が撤退した後、敵将権慄は敵の報復を恐れ、撤退している。そして朝鮮での戦を早期に終結させるべく、講和交渉に全力を尽くし、朝鮮側に侵攻の時期と進攻路を教え、住民達を戦から助けようとした。この行動は現在の戦時国際法の非戦闘員の保護（文民、降伏者等を攻撃することは禁止されている。民間人に対する加害は違法とする発想が生まれたのは第一次世界大戦後（一九一八年）の欧州である）に値する。行長の尽力により、日本軍の将兵三十万人のほとんどが朝鮮半島と中国で命を失うという最悪の事態から免れた。朝鮮、明側もより多くの惨禍をあたえ、朝鮮国内の荒廃もさらにひどくなっていた可能性も高かったのである。朝鮮出兵時、国内で起こった梅北の乱を小西軍は撃退し、梅北国兼の野望を止め、内乱を早期に終結させた。朝鮮出兵後、国内に連れてきた朝鮮人捕虜を手厚く扱い、後に返還している。こうした行長の努力は、徳川の時代になってから「日朝修好」として報われることになる。朝鮮出兵の時代は小西行長の時代であり、そして主役であった。国内でも博多を再興し、今日の宇土市の基礎を作った。孤児の為の施設や病院を設立し、多くの貧しい人々を助けた。福祉事業、教育の普及、裁判制度、宗教の自由及び政教分離等、四百年前の時代に現在の国家並みの政治を実現したのである。関ヶ原の合戦でも、秀吉の恩義に報いる為、立派に戦った。宇土城攻防戦でも、猛将加藤清正の攻撃をよく抑え、約一ヵ月間守り抜き、関ヶ原合戦の敗戦を知ってようやく開城した。その戦果は第二次上田城の戦い（徳川秀忠率いる軍勢を破った真田昌幸、幸村軍の戦い）に匹敵する。行長、弟の行景、息子の兵庫頭は豊臣家に殉死したと言っても決して過言ではない。

人が人を殺す事が普通だった時代、行長ほど人の命を大事にした武将はいなかった。生まれてくるのが早過ぎたのかも知れない。それでも、この時代には必要な人物だった。彼は優しかった。ただ、戦国の世で生きるのは彼はあまりにも優しすぎた。

　行長の実力は三人の天下人（信長、秀吉、家康）が認めていた。行長は三人の天下人を魅了《みりょう》し、そして必要とした人材だった。

　関ヶ原の合戦で清正は勝者となり、行長は敗者となった。清正は神となり信仰された。行長は徳川家康と清正に敵対したという二重の不幸が重なり、秀吉の忠義の為に戦ったのにも関わらず、大悪人の汚名が着せられた。

　関ヶ原の合戦で勝者と敗者で明暗が分かれたが、行長は不幸にも敗者の中でも明暗が分かれたのである。

　他家でも徳川氏と敵対し、関ヶ原の合戦で敗者となった行長の記録が書かれ、賞讃する事はなかった。敗れた行長との関係を避け、徳川氏から目の仇にされるのを恐れたからである。例えば慶長の役で加藤清正の蔚山籠城戦、島津義弘の泗川籠城戦が華々しく記されているのとは対照的に小西行長の順天籠城戦が語られるのは、あまりにも少ない。

　もし、行長が関ヶ原の合戦で勝っていれば、順天籠城戦を始め、朝鮮出兵の数々の合戦、国内での関ヶ原の合戦での小西隊の勇戦、宇土城攻防戦等、もっと喧伝《けんでん》（世間に言いはやし伝えること。盛んに言いふらすこと）されたはずである。

　そして小西家は滅亡し、断絶した。

　今日まで行長の完全な伝記が書かれないのは、このような事情によるものである。

　行長を語り継ぐものはなくなったのかに思われた。

ところが、行長の記録が残っていたのである。それは国内ではなく、海外であった。記録を書いたのは徳川氏や加藤清正と友好関係ではなかった宣教師達である。国内では抹殺された行長であったが、当時日本に滞在していた宣教師達が行長について記録されていた。特にルイス・フロイスの『日本史』には行長の記録が詳しく書かれている。

そして宣教師達によってヨーロッパに報告され、高い評価を受けた。当時のヨーロッパでは「アゴスチイノ」と言えば小西行長と通じるほど有名な人物であった。

行長の死から七年後の一六〇七年、イタリアのジェノバで小西行長を主人公とする「アゴスチイノ―ツノカミドノ」という音楽劇が上演され、続いて一六八九年ドイツのレーゲンスブルク、一七五六年オーストリアのザルツブルク等、ヨーロッパ各国で音楽劇が上演されている。

行長を賞賛したのはヨーロッパ諸国だけではなかった。朝鮮出兵で行長と戦った明、朝鮮の敵国からも賞讃されていた。外国の文献は行長を次のように評している。

「臣よ問う。行長はいかなる人物か。」

「風神。凛々《りんりん》（勇ましい）決してあなどることができない人物である。」

「清正は鉄砲に優れている。行長は智謀、武勇ともに清正より優れている。」

「我が朝鮮国の人々は耐えることが苦手だ。政治ひとつ、事件ひとつ耐え抜けない。だが日本は軽挙妄動（軽はずみに何も考えずに行動すること）をしない。あの小西行長を見よ。平壌で明軍に大敗した後でさえ、行長は任務を続けた。一度負けたぐらいで批判され、切腹を迫られることもなかった。いったん引き受けたら成功するまでその人が責任をもつ。それが日本（行長）のやり方だ。」

「宣祖《ソンジョ》実録」（秀吉の朝鮮出兵当時の李王朝の宣祖時代を伝える文献）

「天、英傑（知力、勇気などのすぐれている人物。英雄、豪傑）を海外に生んだ。」

（明、西路軍大将、劉綎）

「非常に謙虚であり、信心が深い。」

（宣教師、パシオ）

「彼のおかげで多くの人（貧者、病者）が非惨さから救われた。」

（イエズス会年報）

「日本のキリスト王であり、とても篤い信仰を持っていて、さらに彼は秀吉に忠誠的な偉大な武将」

（小西行長を主人公とする音楽劇、イタリア・ジェノバ）

「著名にして勇敢な戦士であり、なおまた、貧しき者の同情者であり、われら宣教師に対して寛大であり、絶えざる戦乱の中にあっても、みずからの霊魂を忘れない真にキリスト教的な大名であった。」

（シュールハンメル師）

行長は異国の地で伝説となり、英雄になったのである。

（完）

参考文献

小西行長　江宮隆之著　ＰＨＰ文庫
小西行長　田村襄次著　中央出版社
聖フランシスコ・ザビエルの日傘　平湯晃著　河出書房新社
別冊歴史読本　戦国水軍と村上一族　新人物往来社
戦国九州三国志　学研
石田三成　復権！　４００年目の真実　新人物往来社
戦乱の日本史　新説　朝鮮出兵　小学館
別冊歴史読本　天下人への跳躍　徳川家康　新人物往来社
別冊歴史読本　太閤秀吉と豊臣一族　新人物往来社
別冊歴史読本　稀代の軍師　黒田如水とその一族　新人物往来社
別冊歴史読本　天下布武　織田信長　新人物往来社
志岐麟泉　示車右甫著　海鳥社
十六世紀の自由人　アゴスチイノ小西摂津守行長回想帖　園田信行著　中央公論事業出版
小西行長　森本繁著　学研M文庫
再検証　小西行長　謎の武将が今よみがえる　熊本県宇土市
再検証　小西行長　謎の武将が今よみがえる第二集　熊本県宇土市

鉄の首枷　小西行長伝　遠藤周作著　中公文庫
宿敵　上・下　遠藤周作著　角川文庫
海将　若き日の小西行長　白石一郎著　新潮社
戦国の宇喜多一族　高山友禅著　山陽新聞社
九州キリシタン新風土記　濱名志松著　葦書房
日本の戦史　朝鮮の役　徳間文庫
武家盛衰記　南條範夫著　文春文庫
歴史群像シリーズ　石田三成　学研
小西行長「抹殺」されたキリシタン大名の実像　島津亮二著　八木書店
関ケ原合戦　二木謙一著　中公書店
秀吉と文禄の役　松田毅一　川崎桃太編訳　中公書店
太閤記（三）　小瀬甫庵原著　吉田豊訳　教育社
知謀の虎　猛将加藤清正　豊田有恒著　祥伝社
慶長水滸伝　第一巻　関ヶ原　谷恒生著　双葉社
歴史読本　特集　豊臣秀吉182合戦総覧　新人物往来社
肥後の清正　桐と葵のはざまを生きる　熊本出版文化会館編
歴史群像ビジュアル合戦シリーズ④　戦国の戦い　四国・九州編　光武敏郎著　学研
豪壮　秀吉軍団　学研

加藤清正　海音寺潮五郎著　文藝春秋
海外貿易から読む戦国時代　武光誠著　ＰＨＰ
織田信長と高山右近　津山千恵著　三一書房
復元大系日本の城８　九州・沖縄　ぎょうせい
うと学研究　第35号　ヨーロッパ史料に見る小西行長・ジュリアおたあ特集号　宇土市教育委員会
歴史群像シリーズ　文禄、慶長の役　学研
小西行長　ＤＯＮ　ＡＧＯＳＴＩＮＨＯ　八代市立博物館未来の森ミュージアム
倭城の研究　第二号　特集　小西行長の順天城　城郭談話会
聖書武将の生々流転　豊臣秀吉の朝鮮出兵と内藤如安　楠戸義昭著　講談社
別冊歴史読本　戦況図録関ヶ原大決戦　新人物往来社
戦国・城と女　第三巻・西日本編　毎日新聞社
歴史群像シリーズ　長宗我部元親　学研
新歴史群像シリーズ①　関ヶ原の戦い　学研
日本城郭大系18　新人物往来社
歴史読本　激闘！　死闘！　籠城戦　新人物往来社
戦国海賊伝　笠倉出版社
堺　海の都市文明　角山栄著　ＰＨＰ研究所

文禄・慶長の役の戦跡〈倭城〉　斉藤政秋著　ごま書房
戦国廃城紀行　敗者の城を探る　澤宮優著　河出書房新社
大谷刑部のすべて　花ヶ前盛明著　新人物往来社
戦国の風　谷恒生著　講談社文庫
秀吉の野望と誤算　文禄・慶長の役と関ヶ原合戦　笠谷和比古・黒田慶一共著　文英堂
日本史探訪12　関ヶ原と大坂の陣　角川書店
高麗秘帖　荒山徹著　祥伝社
魔風海峡　荒山徹著　祥伝社
別冊歴史読本　怒濤！　豊臣秀吉軍団　一〇〇人の武将　新人物往来社
別冊歴史読本　石田三成　野望！　関ヶ原決戦　新人物往来社
小西行長伝　木村紀八郎著　鳥影社
空虚なる出兵　上垣外憲一著　福武書店
豊臣秀吉の朝鮮侵略　北島万次著　吉川弘文館
宇喜多秀家　野村敏雄著　ＰＨＰ研究所
李舜臣のコリア史　片野次雄著　彩流社
秀吉の朝鮮侵攻と民衆・文禄の役　上・下　中里紀元著　文献出版
秀吉朝鮮の乱　上・下　金声翰著　光文社
夢のまた夢　四、五巻　津本陽著　文春文庫

フロイス日本史　一、二巻　松田毅一、川崎桃太訳　中央公論社
対馬往還記　示車右甫著　海鳥社
週刊ビジュアル　日本の合戦　加藤清正・小西行長と文禄・慶長の役　講談社
再現　日本史　織豊⑧「人生ここに七〇年千利休、自刃！」　講談社
新編　日本武将列伝6　天下平定編　桑田忠親著　秋田書店
戦国の城（中）西国編　西ヶ谷恭弘著　学研
豊臣秀吉　戦乱が生んだ天下人　小和田哲男監修　ＮＨＫ出版
加藤清正の生涯　古文書が語る実像　熊本日日新聞社
信長　大志を生きる　谷恒生著　ＫＫベストセラーズ
信長　華か、覇道か　谷恒生著　ＫＫベストセラーズ
一騎当千！　関ヶ原合戦　一水社
新・宇城学　熊本日日新聞社編集局編著
お金の流れで見る戦国時代　大村大次郎　ＫＡＤＯＫＡＷＡ
人生の勝敗を決める知恵の書　名将言行録を読む　渡辺昇一　致知出版社

著者プロフィール

小西 孝久（こにし たかひさ）

昭和43（1968）年生まれ。

大阪府出身、香川県在住。

福山大学卒業。

趣味は、旅行、歴史、読書、城めぐり、恐竜、古生物。

カバーイラスト：林タロウ
イラスト協力会社：株式会社ラポール　イラスト事業部

**清正！　俺はお前の噛ませ犬じゃないぞ!!
李舜臣を敗った男 小西行長伝**

2023年10月15日　初版第１刷発行
2024年２月29日　初版第２刷発行

著　者　小西 孝久
発行者　瓜谷 綱延
発行所　株式会社文芸社
〒160-0022　東京都新宿区新宿1－10－1
電話　03-5369-3060（代表）
03-5369-2299（販売）

印　刷　株式会社文芸社
製本所　株式会社MOTOMURA

©KONISHI Takahisa 2023 Printed in Japan
乱丁本・落丁本はお手数ですが小社販売部宛にお送りください。

送料小社負担にてお取り替えいたします。

本書の一部、あるいは全部を無断で複写・複製・転載・放映、データ配信することは、法律で認められた場合を除き、著作権の侵害となります。

ISBN978-4-286-24427-3